汲古選書 31

老子の人と思想

楠山春樹 著

老子の人と思想

目　次

第一章　『史記』老子伝の成立ち …… 3

はじめに …… 3

第一節　前半部――老耼（李耳）としての老子 …… 5

一　老耼の称呼と孔老の会見譚　3

二　『礼記』曾子問篇に見える老耼　6

三　孔老会見の場所と「周守蔵室之史」という官職　11

四　『道徳経』の述作と関令尹喜　14

第二節　後半部の所伝 …… 18

五　問題点と老萊子即老子説　16

六　太史儋即老子説　19

七　子孫に関する記述　21

八　太史儋即老子説と黄老　25

余　説 …… 30

第二章　郭店楚簡を軸とする『老子』の形成……35
はじめに……35
第一節　郭店本『老子』の概観……37
第二節　現行本との相違点……41
第三節　推定される郭店本の全書……48
第四節　郭店本の成書年代……61
第五節　孟子の影響による思想の変化……63
第六節　郭店本以後における『老子』の展開……70

第三章　六家要指考――漢初黄老の資料として……81
はじめに……81
一　「六家要指」の本文……85
二　「六家要指」の思想……90
1　黄老思想としての道家論　88
2　黄老と養生説　92

3 五家についての論説 94
三 「六家要指」述作の事情 …… 98
第四章 孟子と老子——大国・小国の論をめぐって—— …… 103
はじめに …… 103
一 『孟子』の場合 …… 103
二 『老子』の場合 …… 108
三 無為の治と王道政治 …… 114
第五章 道教における黄帝と老子 …… 121
はしがき …… 121
一 漢代における黄帝と老子 …… 122
二 宋代道教における黄帝の抬頭 …… 126
1 真宗の封禅と天書 124
2 保生天尊（聖祖趙玄朗）の降臨 129
三 宋代道教における黄帝と老子 …… 137

第六章　我観　老子の思想……143
はじめに……143
第一節　憂世の思想家……145
1　為政者への苦言　143
2　儒教批判　146
3　原始に復れ　149
4　「無為」について　151
第二節　処世訓と政治論……154
1　柔弱謙下の教訓　152
2　無為の治の諸相　158
第三節　「道」の思想……163
付1　「徳」と聖人　167
付2　水・樸・女性・嬰児・谷　170
第四節　思想形成の順序……173

あとがき……185
索　引……1

老子の人と思想

第一章『史記』老子伝の成立ち

はじめに

上代中国の思想家は、孔丘を孔子、荘周を荘子と呼ぶように、その姓に先生を意味する子をつけて尊称とするのが一般である。しかし、老子の老は姓ではない。老もまた尊称であって、老子とは、本来は老先生を意味する、いわば普通名詞であったはずである。

老子とは戦国の世、社会の一隅にあってひそかに世相を憂えていた某思想家の匿名（或は弟子たちからの尊称）であったと考えられる。某思想家は、その名が世間に知られることを好まず、匿名老子の名によって憂世の情を吐露していたのである。ところが、彼の思想が世の注目を集めるようになると、老先生というほどの意味であった老子は、そのまま固有名詞として通用するようになる。特にその言葉が一冊の書にまとめられて世に流行するという状況ともなれば、次に著者である老子とは何びとであろうかという詮索が始められるれてくるのは、けだし当然であろう。

このようにして、おそらくは戦国末に近いころから漢代にかけて、老子なる人物の伝記があれこれと模索され虚構されることとなるが、さて、それを一応取りまとめたのが『史記』老子伝である。しかし、その当時においてすら、虚像の形成はなお流動的であって、司馬遷は、まず老耼（李耳）を老子と見ることで一応の伝記を完結させながら、その後に老莱子・太史儋なる人物を挙げ、両人を老子に擬する一説のあることをも述べざるを得なかった。

以上は、『史記』老子伝の形成に至るまでの、筆者のおぼろ気な見通しである。要するに今日に伝わる老子の伝記は、その悉くが後世の人の作り上げた虚像であって、本来の老子、つまり匿名老子の実像は永遠の謎であるというほかはない。とすれば老子伝の問題は、その虚像が、いったいどのようにして形成されてきたのであろうか、この点を明かにすることにある。それはまた、道家思想の歴史を考える上で必須の課題である。

このような観点から、嘗て筆者は次のような論攷を著し、課題について若干の卑見を述べてきた。

拙著『老子』（集英社「中国の人と思想」四、一九八四・一二）の第七章「謎の人老子」

礼記曾子問篇に見える老耼　池田末利博士古稀記念『東洋学論集』一九八〇・九

呂氏春秋に見える『老子』と老耼　沼尻正隆博士退休記念『中国学論集』一九九〇・二

〈上記二篇は、拙著『道家思想と道教』（平河出版社、一九九二・七）に転載〉

史記老子伝の形成――後半部を中心として　栗原圭介博士記念『東洋学論集』一九九九

五・三

しかし、いまこれらを読み返してみると、その折々の関心の向けどころによって叙述には濃淡があり、また執筆年代の隔たることから、相互の見解に齟齬を来した箇所も見られる。また今日に至って幾分か考えの変わった面もある。小論は、こうした状況に思いを致してこれまでの拙論を総合整理し、「老子伝」の全般にわたる記述について、筆者としての最終的な見解を述べようとするものである。

叙述に当っては、老聃（李耳）としての老子が、関を出て「莫知其所終」とされるまでの前半部と、その異説を記す後半部とに分説する。また極力簡潔を旨として、細部にわたる考証は多く前論に譲ることとしたい。

第一節　前半部――老聃（李耳）としての老子

一　老聃の称呼と孔老の会見譚

いまさら紹介するまでもない有名な資料であるが、論述の便宜もあるので、まず全文を書き下し文によって示し、続いて問題の項目を掲げて論をすすめることとしたい。

①老子は楚の苦《こ》県厲《らい》郷曲仁里の人なり。姓は李氏、名は耳、字は耼《たん》。周の守蔵室の史為り。

②孔子、周に適《ゆ》き、将に礼を老子に問わんとす。老子曰く、「子の言う所の者は、其の人と骨と皆な已に朽《く》ちて、独り其の言在るのみ。且つ君子は、其の時を得れば則ち駕し、其の時を得ざれば則ち蓬累《ほうるい》（不詳。旅支度のさま、流浪のさま）して行《さ》る。吾れ之を聞く、良賈《こ》（すぐれた商人）は深く蔵して虚しきが若く、君子の盛徳なるは容貌愚なるが若し、と。子の驕気（思い上り）と多欲と、態色《たいしょく》（もったいぶったさま）と淫志《いんし》とを去れ。是れ皆な子の身に益無し。吾れの子に告ぐる所以は、是《か》くの若きのみ」。
孔子去り、弟子に謂いて曰く、「鳥は吾れ其の能く飛ぶを知る。魚は吾れ其の能く游《およ》ぐを知る。獣は吾れ其の能く走るを知る。走る者は以て罔《あみ》を為す（網で捕える）べく、游ぐ者は以て綸《いと》を為す（糸で釣る）べく、飛ぶ者は以て矰《いぐるみ》を為す（矢で射る）べし。龍に至っては、吾れ其の風雲に乗じて天に上るを知らず。吾れ今日老子を見るに、其れ猶お龍のごときか」。

③老子、道徳を脩め、其の学は自隠無名を以て務めと為す。周に居ること之を久しくして、周の衰うるを見、迺《すなわ》ち遂に去る。関に至る。関令の尹喜《いんき》曰く、「子将に隠れんとす。彊《し》いて我が為に書を著せ」と。是に於て、老子迺ち書上下篇を著し、道徳の意五千余言を言いて去る。其の終る所を知る莫《な》し。

老子の言動を老耼の名によって記すことは、早く戦国最末期の『呂氏春秋』に五ヵ条ほど見えており、(1)また『荘子』でも、老子を主題とする章の殆どはその名を老耼と称している。(2)老子の名称として最も古く、また一般的であるのが老耼であることは否定し難いところである。

『史記』に老耼の称は見えないが、「字は耼」とあるのは明らかに老耼の称に由来するものであり、一方、姓を李とする根拠は不明ながら、名の「耳」が、耼に因んで案出されたことは確かであろう。その意味で小論では、前半部の所伝を敢えて老耼即老子説と称することとしたい。

ところで老耼即老子説に立つ前半部の中心的記述が孔老の会見譚にあることは、一見して明瞭であるが、それは『史記』に限ることではない。因みに老子が孔子と出会って、その処世のあり方を批判し苦言を呈するという趣向の記事は、『荘子』に八ヵ所(天地・天道・天運四・田子方・知北遊)も見えるが、そのすべてにおいて、老子は老耼と表記されており、そこには『史記』と共通する文も散見する。

たとえば天道篇に「夫れ六経は先王の陳迹なり」とあるのは、『史記』に「子の言う所の者は、其の人と骨と皆な已に朽ちて、独り其の言在るのみ」とあるのと同旨であり、また天運篇には、会見後の孔子が、老子を龍に比して慨嘆する話が見える、というようである。いま『史記』との先後を論ずることはしないが、いずれにせよ『史記』とはほぼ時を同じくするころの文であって、老耼の称呼とともに孔老の会見を語ることは、司馬遷の当時の流行となっていたのである。

さらにいえば、老耼を孔子の師として説く伝承の起源は、実は先秦に溯る。上述したように『呂氏春秋』には老耼の名が五ヶ所見えるが、その内「仲春紀」当染篇に、孔子の師事した人物として「老耼・孟蘇夔《そき》・靖叔」の三名を挙げている場合がそれである。また「審分覧」不二篇が当時の思想家十人を列挙して「老耽（耼）は柔を貴び、孔子は仁を貴び、墨翟は廉（兼）を貴び、……」と述べる場合、老耼が孔・墨に先立つ首位に置かれている事実から推すと、上文が老子を孔子の師とする伝承を踏まえることは明白であろう。

要するに老子を老耼と称することは戦国末に溯る伝統をもつが、その老耼にとって、殆ど唯一の事績は孔子の師ということであった。つまり老耼という称呼と孔子の師という来歴とは、まさに密着しているのである。今このように考えてきて、ここに『礼記』曾子問篇の記述が想起されてくる。

二　『礼記』曾子問篇に見える老耼

『礼記』曾子問篇は、孔子と弟子との問答に託して、主としては喪礼の種々相を説く短文の集成である。留意すべきは、孔子が弟子の質問に対し、「吾聞諸老耼」（吾れ諸を老耼に聞く）と断って、老耼なる人物の礼説を引いてそれに答える、という形式の章が四ヵ条（曾子問三・子夏問一）見えることであって、次に一例を口語訳によって示そう。

曾子が問う、「霊柩車を引いて墓地に向う途中、もし日食が起きたら予定を変更して一時停止した方がよいでしょうか、その必要はありませんか」。そこで孔子は次のように答えた。

以前、わしが老耼先生に従って巷党の地で葬儀のお手伝いをしたとき、途中で日食に出会った。その時先生はいわれた、「丘よ、霊柩車を止めて道の右側に置け。しばらく哭することを止めて様子を見よ」。やがて日食が終って昼間の明るさに戻ると、そこで再び出発した。先生は「こうするのが礼なのだよ」といわれた「が、この言葉にわしは釈然としなかった」。

葬儀を終えて家に帰る途中、わしは先生にお尋ねした「霊柩車が出発したからには戻るわけにはいきません。また日食が起れば、いつ終るとも判りません。とすれば、構わず進行した方がよいのではありませんか」。先生はいわれた、「……暗夜に星を見て行くのは、ただ罪人を護送する場合と、旅先から父母の喪に駆け付ける場合だけだ［日食の最中に、もし星を見れば、遺体を罪人並みに扱うことになるではないか」。君子が葬礼を行う場合、他人の父母の遺体を辱しめるような事はしないものだ」。――以上のことを、わしは老耼先生から伺っている。

さて、ここに孔子に喪礼を教えたという老耼とは、いったい何びとであろうか。先学には、これを老子と解する人も少なくない。たとえば『礼記』鄭注に、「老耼は古の寿考者の号なり。孔子と時を同じくす」とあって、鄭玄は必ずしも老子その人であると断定していなかったようであるが、孔頴達の疏に「荘子に、孔子、老耼と対言すと称す。是れ孔子と時を同じくするなり。周の柱下の史為り、或は守蔵史為り」とあるのは、まさに老耼の老子であることを自明の理としての記述である。

北宋の張載は、「礼は忠信の薄にして乱の首なり」（三八章）とまで酷評する『老子』の思想と齟齬するとして、「曾子問」篇の老耼を老子とは別人であるとした（『経学理屈』三）。ところが朱子は、そのことを問題とする弟子の質問に答えて、張載説に一理あることを認めながらも、両者を会通し次のように述べている。「老耼が柱下の史（一六頁参照）であったとすれば礼の故実を知らぬはずはなく、孔子問礼は事実としてあり得る。ただ老耼は本来的には礼を好ましからざるものと考えており、そこで官を退いた後にはこれを斥ける論をなしたのだ」と（『朱子語類』一二五、「上徳不徳」の条）。

しかし、いまもし「曾子問」篇の老耼が老子であるとすれば、殆ど道家側の虚構に成ると思われる孔老会見譚（問礼譚）は、逆に儒家の経典である『礼記』曾子問篇によって、その事実であることが証明されるという、まことに奇異な事態となるわけであろう。何よりも張載が指摘するように、礼を酷評している老子が、孔子に葬礼の細部を説いて聞かせる、というのも解し難い話である。

いま平静に読むと、「曾子問」篇の記事に作為的な要素は殆ど感ぜられず、ごく一般的な儒家の正伝である。ここにいう老耼は如何なる意味であれ老子を指すとは考え難く、むしろ儒家系の人物であるように思われる。もう少し想像を逞しくしていえば、ここに老耼とは、葬儀の差配を業とする一市井の人であって、若き日の孔子は、この老耼について喪礼を学び、時には埋葬を手伝うことがあった。上文は、その折における老耼の教訓を頼りに曾子の質問に答えた、という趣向である。老耼が孔子に葬礼を教えたという四話は、おそらく儒家の伝承の片隅にひそかに伝えられ、辛うじて「曾子問」篇にその文が留められていた、という次第のようである。

ところで筆者は、孔老会見（孔子問礼）譚を中心とする老耼伝説が、実は「曾子問」篇の所伝にヒントを得て虚構されたのだ、と考えている。つまり匿名老子の伝記を模索する人々が、孔子の師としての伝承をもつ、殆ど唯一の人物である「曾子問」篇の老耼に着目し、この人物こそ老子であると宣伝し、さらに道家風の脚色を施した、ということである。無名の人である老耼は、これに老子像を附会することについての抵抗感もなかったと思われるし、何よりも孔子の師であるという伝承は、これを老子のものとするにふさわしく感ぜられたことであろう。

このように考える場合やや問題となるのは、『礼記』の編纂された時期が前漢末であること、従って「曾子問」篇の成立が漢代に降る可能性も想定されなくは無いことである。しかし、たとえ「曾子問」篇としての成立が漢代に降るとしても、内容をなす当該の所伝は、やはり先秦からの伝承であると考うべきであろう。というのは、すでに道家側の孔老会見譚が流行する漢代、このような物語がことさら儒者によって作られる可能性は絶無であると思われるからである。

特に注意したいのは、『史記』老子伝における会見譚が内容としては「礼」とまったく関係がないのに、そのきっかけが孔子の「問礼」に始まっていることである。思うにそれは、会見譚の本来が「曾子問」篇にいう問礼譚に発することから、その名残が「老子伝」の所説にとどめられたという次第なのではなかろうか。この点については、さらに彼の官職が「周の守蔵室の史」とされていることが関連する。

ともあれ匿名老子には、まず初めて老耼という称呼が与えられることとなったが、一方、老子（老耼）の伝記は、もっぱら孔子の師であるという物語を柱に虚構されることとなった、

と考えられる。(3)

三　孔老会見の場所と「周守蔵室之史」という官職

孔老会見の場所は、『荘子』天運篇では沛とされており、また寓言篇は、その地を老耼の居住地としている。「老子伝」にいう「楚苦県」が、通説のように現在の河南省鹿邑県に相当するとすれば、そこは沛（江蘇省西北部）とほど遠からぬ地であって、老子の居住地に関しては漠然ながら一定の説があったように思われる。ところが『史記』は、唯一孔老会見の地を周とする。そして周の守蔵室の史という官職は、当然のこととして、これに関連して生じたものと思われる。ところで、こうした虚構の形成については「孔子世家」に見える孔子の「適周問礼」譚が参考となる。

「孔子世家」によれば、若き日の孔子は、南宮敬叔（魯の三桓の一人である孟懿子の弟）とともに、礼を学ぶために周都洛陽に遊学したという。それに至る経緯は、――まず懿子・敬叔兄弟が、父孟釐子の遺言によって、孔子の門に学ぶ。やがて南宮敬叔は、孔子とともに周に適き礼を学ばんこと（適周問礼）を、魯公に願い出る。魯公は許可し、そのための車駕と従者とを与える、――という次第であって、いわば国費留学生ともいえる待遇を与えられての遊学とされる。しかも、一連の記事は「周より魯に反《かえ》り、弟子稍く益々進む」と結ばれ、その成果を力説するものとなっている。

以上から知られるように、「適周問礼」のことは魯国の輿望を荷なっての行動であり、また孔子の修学歴として劃期的な意味をもつとされている。とすれば、この場合特に重要であるのは、孔子が周都においてどのように礼を学んだか、ということにあるはずであろう。ところが、それに対応する記述はといえば、次に記すように、異様にも老子との交渉を延々と記すだけのものなのである。

蓋し老子を見ると云う。辞去せんとするに老子、之を送りて曰く、「吾れ聞く、富貴の者は人を送るに財を以てし、仁人は人を送るに言を以てす、と。吾は富貴なること能わず、仁人の号を窃みて、子を送るに言を以てせん。曰く、聡明深察にして死に近きは、好んで人を議する者なり。博弁広大にして其の身を危うくするは、人の悪を発《あば》く者なり。人の子為る者、以て己れ有ること勿れ、人の臣為る者、以て己れ有ること勿れ」と。

「蓋」を冠した始めの一句は、多分に確信性に欠ける表現である。また老子の言葉は送別に際してのものとされており、内容も「老子伝」に比べればやや微温的であって、孔子に対しての遠慮も看取されぬではない。とはいえ、道家側からする孔子批判の言であることは確かであって、孔子の修学歴として極めて重要な意味をもつ「適周問礼」の中核ともなるべき記事として、また前後の記事に照らして、上文は甚だしく適切を欠く、と称すべきであろう。いったい「世家」の記す「適周問礼」譚は、老子との邂逅譚を別にしても、初めから虚飾に満ちており、事実とは到底考え難い。そもそも若年時の孔子が、孟懿子兄弟の知遇を受け、その縁によって、魯公から親しく車駕を与えられて周都に赴くなど、到底あり得ないことと思われるからである。ただ、古礼の探求に熱心であったといわれる孔子が、いわば本場である周都を訪れた可能性は絶無とはいえず、少なくとも願望としてあったことは事実であろう。「世家」の記す「適周問礼」譚は、こうした孔子の履歴もしくは願望を背景として虚構されたものと思われるが、しかしその場合、当初から老子との邂逅が云々されていたとは、どうも考え難いようである。この部分は、もう少し前後の記事に相応しく、まともな問礼記事だったのではなかろうか。

思うに「世家」の叙述が異様に映るのは、こうした本来的な儒家の「適周問礼」譚に、道家側の「問礼」譚を附会したことに因るらしい。一方、「老子伝」が問礼の地を周としたのは、孔子に「適周問礼」譚のあったことに誘われてのことと考えられる。そして「周守蔵室之史」という官職は、おそらくそれにふさわしく設定された、という次第なのであろう。

因みに「守蔵室」は一般に蔵書室の意とされているが、春秋時代に措定していうと、おそらくは記録・文書の類を整理し保存する部局の意であろうか。「守蔵室之史」とは、差し詰め文書課の書記といったところであろう。いずれにせよ、公的儀礼の前例に詳しく、伝統的なしきたりに通じた役職として、孔子問礼の相手としては適任の役職である。なお、老子の官職は時に「柱下之史」とも称するが、これは老子の席が「守蔵室」の中央の柱の下にあった、ということから生じたという。

四　『道徳経』の述作と関令尹喜

道家思想家のひとりに関尹《かんいん》なる人物がいたということは、早く『呂氏春秋』や『荘子』の諸篇によって明白であるが、(4)その関尹は漢代になると老子に最も近い人物と考えられるようになったらしい。漢代の作とされる『荘子』天下篇に両者が一括して論ぜられているのは、このことを端的に示すものであって、折しもそのころに道家は学派としての系譜を整え始めたと考えられるが、その際に関尹は老子の一番弟子に擬せられることになったものと思われる。

ところで『史記』にいう関令尹喜《かんれいいんき》が、この関尹に因んで案出されたことは否定し難いところである。いったい関尹という人名は、同時に関所の長官（尹）という意味をもっている。思うに関令尹喜とは、人名としての関尹に、関所の長官としての意味が奇妙に重なり合って生じたものであり、『道徳経』の著作と伝授の舞台を関所とする構想もまた、それから発せられたのであろう。

　上来の所伝は、『史記』以前の書に関連する記述がない。従ってこれらが当世に行なわれていた伝説を司馬遷が取りまとめたものか、或は彼自身による創作であるのか、それは不明である。ただ入関した老子が、そこで関令尹喜と邂逅し、その要請によって『道徳経』を著作し伝授する、そして関を後にするが、その後の消息は杳として知れない、という経緯は、まさに老子伝中の白眉といってよい。「自隠無名」を旨として生涯を過ごしてきたという老子が、最後に唯だ一人めがねにかなった関令尹喜の要望もだし難く、道と徳との教えを書き残した、というう発想もなかなかのものである。

　ともあれ「老子伝」は、「其の終る所を知る莫し」という句で完結するかに思われる。しかし、それは老耼としての老子伝の完結であって、この後には、さらに種々の異説が開陳され、別個の老子像が示されることとなる。

第二節　後半部の所伝[5]

五　問題点と老萊子即老子説

まず後半部の全文を、段落を区切って示すと次の通りである。

④或は曰う、老萊子も亦た楚人なり。書十五篇を著して道家の用を言う。孔子と時を同じくす、と云う。

⑤蓋し老子は百六十余歳、或は言う二百余歳、と。其の道を修めて寿を養うを以てなり。

⑥孔子の死せるより後百二十九年にして史［官は］記す。―周の太史儋《たん》、秦の献公に見《まみ》えて曰く、「始め秦、周と合して離る。離れて五百歳にして合し、合して十七歳にして覇王なる者出でん」と。―或るひと曰う、儋は即ち老子なり、と。或は曰う、非なり、と。世其の然るや否やを知る莫し。〈老子は隠君子なり。〉

⑦老子の子、名は宗、宗は魏の将と為り、段干に封ぜらる。宗の子は注、注の子は宮、宮の玄孫は仮、仮は漢の孝文帝に仕う。而して仮の子解は膠《こう》西王卬《こう》の太傅《たいふ》と為り、因りて斉に家す。

⑧世の老子を学ぶ者は則ち儒学を絀《しりぞ》け、儒学も亦た老子を絀く。道同じからざれば相為に謀らずとは、豈に是れを謂うか。〈李耳は無為にして自ら化し、清靜にして自ら正し。〉

以上のうち、⑧は一読して知られるように前半後半を通じての結語である。また〈 〉内の句は前後の文に接続せず、やや唐突の感がある。或は後人の付記であろうか。今それを別にすると、④から⑦に至るまで、すべて前半部の異説を列記するものといえよう。

まず④は老莱子なる人物について略述するだけの文である。しかし、司馬遷の当時に老莱子とは老子であるとする一説があり、本文はその意を寓しての文であるらしい。このことは、早く『史記正義』の指摘するところであって、いささか曖昧ではあるが、一応「老莱子即老子説」を述べる文と解しておこう。

因みに『荘子』外物篇に、老莱子なる隠者風の人物が、孔子に処世のあり方を諭すという趣旨の物語があり、そこには「汝の躬の矜《ほこ》れると汝の容の知なるとを去れ。斯《すなわ》ち君子たらん」という、『史記』中の老子言を彷彿させる言葉が見える。『荘子』に孔老の会見をいう記事が八ヵ条も見えることは上述したが、要するに老莱子と孔子との会見譚もその一種なのである。その意味で「老莱子即老子説」が一異説であることは確かとしても、内容としては、むしろ孔老会見譚を中心とする前半部に密接するものといえよう。

ところがそのあとになると、⑤は「莫知其所終」とされる老子について、百六十余歳、或は二百余歳という超人的寿齢を語るものであり、⑥は孔子の死後百二十九年目に当る年、秦の献公に見《まみ》えて、周秦二国の将来に関する予言を行なったとされる太史儋が、実は老子であるという一説を記すものであり、⑦は前漢の文景期に及ぶという、老子の八代にわたる子孫について述べるものである。これらは前半部の老子伝に対する一説というには余りにも唐突に過ぎる内容であり、司馬遷の当時における老子像の混乱ぶりを露呈するかのようである。

ただ超人的な寿齢をいう⑤は、『史記索隠』もいうように、⑥の太史儋即老子説を述べるための伏線として記したまでのことであるらしい。つまり孔子と同時期の先輩である老子が、孔子の死後百二十九年を経てなお生存していたことを説くためには、予めそれに見合う寿齢を設定しておくことが必要であった、と考えられるからであって、とすれば⑥は⑦に付随して生じた所説であったと解し得よう。

そこで、後半部における問題は、⑥と⑦との所説がいったいどのようにして生じてきたのか、また、司馬遷がそれを併記せざるを得ないほどに有力な一説となるについては、いったいどのような事情があったのであろうか、この点にかかってくることになる。もともと『史記』以外には資料のない両説の由来について、その実状を窺うことは至難のことに属するが、次に試論を呈することとしたい。

六　太史儋即老子説

老子に擬せられている周の太史儋とは、上述したように孔子の死後百二十九年を経た頃、秦の献公に見えて、周秦二国の将来について一種の予言を述べたという人物である。太史儋《たん》の予言譚は、当面の「老子伝」とは別に、周本紀・秦本紀・封禅書の三ヶ所に一個の史伝として記されている。司馬遷の当時かなりに有名な伝説だったのであろう。

まず周と秦との離合をいう予言の内容を史伝に当てはめると、――初め秦は周の付庸として西極の一小国に過ぎなかったが（合）、周の東遷に際して、護衛の任に当った功績によって諸侯の列に加えられ、実質的には洛陽付近の一諸侯と化した周と対等の立場となった（離）。その状況は春秋戦国の五百年間にわたるが、やがて戦国の末ともなると、強大となった秦が周を併呑し（合）、その後しばらくして覇王（始皇帝）が出現する――という次第になる[6]。

「老子伝」の原文は、実は他の三ヶ所の記事と離合の関係が逆になっており、また十七歳を七十歳と記している。いずれも明らかな誤りと考えられるので、小論では三ヶ所の記事によって、その点を改めてある。また予言の歳は、周本紀に拠れば烈王の二年、秦本紀に拠れば献公の十一年、すなわち前三七四年の事とされる。従って、孔子の死後百二十九年は、百

五年の誤りである。(7)

いったい予言譚というものは、一般にその事実が生じた後に虚構されるのが通例である。思うに太史儋の予言譚もまた、そこにいう覇王が始皇帝を暗示すると解する限り、実際に始皇帝が出現した秦代以後でなければ作り得ないはずである。さらにいえば、覇王という称呼が、始皇帝に対するものとしては明らかに蔑称であることからすると、この予言譚の虚構は、おそらく漢代に入ってからのことではなかろうか。

一方、太史儋の名が『史記』以前の書には見えないことから推すと、当初から予言譚の当事者としてのみ案出された人物のようである。ただ上述したように、この予言譚は当時有名な史伝となっており、当事者としての太史儋の名もまた世に喧伝されていた、と考えられる。「太史儋即老子」説は、老子を、おそらくは当時高名であった戦国時の予言者に附会するものである。そして、その場合多くの先人の指摘するように、「儋」が老耼の「耼」と音通であること、「周太史」と「周守蔵室之史」と、その官職が重なり合うこと、この二点が重要な因子となっていることは確かであろう。

とはいえ「自隠無名」を旨として周史の任にあったとされる老耼と、はるばる秦にまで赴いて、献公の前で周の滅亡と秦の天下統一を予言したという太史儋とでは、そのイメージにかなりの相違がある。そもそも、既に「老耼即老子」説として安定していたかにも見える老子について、何故にこのような別説が提唱されることとなったのか、この点については、さらに⑦にいう子孫の系譜が関連してくる。

七　子孫に関する記述

後半部の記述は、太史儋即老子説に続いて、老子のあと八代にわたる子孫の系譜を次のように述べ、

老子―宗―注―宮―○―○―○―仮―解

またその各々について、老子の子である宗は「魏の将となって段干に封ぜられた」、宮の玄孫である仮は「漢の孝文帝に仕えた」、仮の子の解は「膠《こう》西王卬《こう》の太傅に任ぜられ、そこで斉に居住した」と付記している。

ここに膠西王卬とは、斉の悼《とう》恵王（高祖の庶長子劉肥）の子、王の死後七人の兄弟とともに父の故地に分封されて膠西（山東省の東南）の地を領したが、呉楚七国の反乱に連座して景帝三年（前一五四）に罪死した人物である。思うに武帝の在位年代（前一四〇―八七）と殆ど一致する時期に生を享けていた司馬遷にとって、膠西王卬（前一六四―一五四年在位）の太傅であったという解は、ほんのひと昔前の人ということになる。そのころに「莫知其所終」

という老子に子孫がおり、しかも、その事績が断片ながらも『史記』に記されているという事実は、いったいどう考えたらよいのであろうか。いささか解釈に苦しむところである。

八代にわたる子孫の系譜が全般として虚構に出ることは、ここに言うまでもない。ただ膠西の地に老子の子孫と称する解なる人物がおり、膠西王卬の太傅をつとめていたという伝承は、それが司馬遷にほど近い時期のことであるだけに、一概に否定し去ることはできないように思われる。

因みに漢代の初期、黄老と称する道法折衷の説があり、武帝による儒教国教化に至るまで、主要な統治思想として流行していたことは周知の史実であるが、ここに留意されるのは、膠西の地が黄老の中心的存在である蓋《こう》公の居住地であったことである。

たとえば漢の建国の功臣である曹参が、恵帝の初年、任ぜられて上記斉の悼恵王の相となるや、蓋公の言を採用して黄老の術によって治めたところ、斉国は九年間にわたり安泰を保持し、曹参は名宰相と称せられたという所伝は有名であるが、さて、このことを記す「曹相国世家」に「膠西に蓋公ありて善く黄老の言を治むと聞き、人をして幣を厚くして之を請ぜしむ」とある。また「楽毅伝」賛は、楽毅の子孫である楽巨公なども係わる黄老の学統を述べるが、その末端に連なる蓋公について「斉の高密（膠西の隣国）・膠西で教えた」旨を記しているのである。

思うに蓋公の居住地である斉の膠西付近は、おそらくは漢初黄老の中心地であったか、と考えられる。とすれば、そうした環境の中で老子の子孫と称する人物が現れたり、擁立されたりする可能性は十分にありそうである。また、その人物が老子の末裔として相応しい教養を具え、世人の尊敬を受けていたとすれば、召されて王の太傅となることもあったであろう。いささか武斷に過ぎる推論ではあるが、文景期に老子の子孫と称する解なる人物が存在したという「老子伝」の記事は、さまざまな意味でむしろ肯定的に受け止めてよいのではないか、このように筆者はひそかに考えるものである。

もっとも、武帝にほど近い文景期において、老子の末孫としてその名を『史記』にまで留めながら、解の後嗣については杳として消息がない。この事実は、従來逆に解なる人物の実在を疑う要因ともなっていた。今この点について推察するに、解の主君である膠西王卬が呉楚七国の反乱に加担して殺害されるという事態となっては、解もまた流亡を余儀なくされてそのまま消息を絶った、という次第なのであろうか。一方、老子の末孫としての解なる人物を擁立していたのは漢初黄老の一派である。その黄老が武帝期に入って政治的にも社会的にも衰退したことからすれば、解の存在が忘却されたことも、むしろ当然の成行であったろう。

ともあれ文景期における解の実在は肯定し得るとしよう。しかし老子にまで溯る八代の系譜の中、文帝（前一六四—一五七在位）に仕えたという解の父仮の存在は、或は容認できるとしても、それ以前についてはまったく茫漠の彼方にある。老子に宗という子があり、魏の将となって段干に封ぜられたというが、司馬遷の当時にそのような伝説があった、というだけのことである。そもそも段干という地名からして、ここに見える以外には見当らないようで、「集解」に魏の邑と注するが、それは文面から解しただけのことであろう。当面の記述に関して何よりも問題は、宗から解に至る子孫の系譜が、何故に八代として設定されたのであろうか、という点である。

いま春秋末老子の在世は、孔子（前五五二—四七九）と同時期の先輩という伝承からすれば、ほぼ前五五〇年前後ということになろうか。一方、文景期の解の在世は前一五〇年前後に想定されるわけで、その間は約四百年。通例に従って一世代を三十年とすると、八代では到底届かず、さらに五、六代を要するはずである。

思うにここに老子とは、春秋末の老子ではなく、太史儋としての老子なのである。上述したように儋の予言は秦の献公の十一年、前三七四年に当る。とすればその年は、前一五〇年前後の人である解から逆算してほぼ二百四十年前、世代でいえば、まさに八代に相当することになるからである。

以上から推して明らかなように、八代にわたる子孫の系譜は「太史儋即老子説」に立って案出された所説である。一方、その起点となる解を老子の末孫として奉じていたのは、さきに述べたように、文景期における黄老の一派であったと推定される。とすれば、八代の系譜は勿論のこと、太史儋を老子に擬すること自体が、実は黄老派の唱導による、と考えざるを得ないことになろう。つまり、まず始祖としての老子（太史儋）と末裔としての解とがあり、その間における年代の隔たりを考慮して、ここに八代の系譜を案出した、という次第になるが、そのすべては漢初に流行していた黄老派の所為であった、と見做されるわけである。

さて、それならば黄老派が、「老聃即老子説」とは別に、新たに「太史儋即老子説」を提唱したことには、いったいどのような意味があったのであろうか。次にはこの点が問題となる。

八　太史儋即老子説と黄老

重ねていうが「老聃即老子説」は戦国末に溯る伝統をもっており、漢初における老子伝の主流をなしていた、と考えられる。このことは、『史記』の筆致や『荘子』諸篇の記述に照らして明白である。しかしそれにも拘らず、黄老派が新たに「太史儋即老子説」を提唱したことの意味は、いったいどのように考えたらよいであろうか。

思うに老聃としての老子には、ともすれば隠者的な雰囲気が漂っている。伝記の中心をなしているのは『史記』『荘子』を通じて孔老の会見譚であるが、そこに見える老子言の多くは、孔子の処世態度を批判する趣旨から、世間的・積極的活動の一切を否定するかに思われるものとなっており、また周に仕えていたとはいえ、もっぱら「自隠無名」を旨として過ごしたとされる。特に関を出て「莫知其所終」とされる所伝は、まさにその最たるものであろう。

ところが政治的社会の場に身を置いていた漢初黄老の人々にしてみれば、その奉ずる老子像として、もう少し現実政治の世界に関与し、影響をもつ老子が求められたということなのではなかろうか。この場合、その老子に擬する人物として太史儋が果たして最適であったかどうか、それは不明である。ただ、さきに述べたように、儋と耼との音通、及び官職の類似することが附会を容易にしたことは確かであろう。さらにいえば、天下の大勢を見通して周の滅亡と秦の興起を予測し、遠く秦にまで赴いて、献公にその旨を述べたという太史儋は、孔子に対して苦言を呈するに終始する老耼に比べて、はるかに彼らの理念に近い存在として映った、ということではなかろうか。

一方、ここに問題は、「老耼即老子説」によって老子伝を完結させているかに思われる司馬遷が、何故に黄老派の提唱する一説を追記したのであろうか、ということである。いま「太史儋即老子説」に対する司馬遷の筆致を検すると、まずこの説に然否両論のあることを記し、その上で「世、其の然るや否やを知る莫し」と結んでいる。これは史家としての責任を放棄するかに思われる言であって、特に主語が「我」ではなくて「世」であることはさらにその感を深くさせる。いったい司馬遷は、このように危うげな一説を何故にあえて記したのであろうか。

因みに司馬遷の父談は黄老の信奉者であったが、遷もまた、ひそかに心を寄せていたようである。参考されるのは、『史記』巻末の「太史公自序」に掲げられている父談の「六家要指」の所説と、及びそれを延々と引用している遷の態度であって、このことについては、本書の第三章「六家要指考――漢初黄老の資料として」に詳説してあるので、それを参照願うこととしよう。

司馬遷が、ことさらに後半部を付記したことについては、どうも黄老に対する好意が潜んでいるように思われる。さきに「世、其の然るや否やを知る莫し」の言を史家としての責任を放棄するものと述べたが、しかし、この言は本説を否定し去るものでない。思うに司馬遷は、歴史家の立場として、さすがに太史儋即老子説をそのまま受容することには躊躇を覚えたことであろう。しかし彼には、黄老に好意を寄せる一私人としての立場もあった。その意味で「世、其の然るや否やを知る莫し」の言は、まさに苦渋の筆致であったのではないか。その前後に、さり気なく百六十歳、二百歳という寿齢を述べたり、八代の子孫を叙しているのは、本説の正当性を暗々裡に示すための措置であったかにも考えられるのである。

余説

『史記』老子伝は、これまで述べてきたように、その前半部において「老耼即老子」説に立つ老子伝を叙したあと、続いて太史儋なる高名の予言者を老子とする一説を述べている。ところが、後世になると「老子伝」には、さらに西周最末期の幽王の時、都鎬京（今の西安付近）を流れる三川一帯を襲った大地震から周の滅亡を予言したという、伯陽なる人物を老子とする説が加えられた。

伯陽なる人物は、『国語』周語上によれば伯陽父、『史記』周本紀によれば伯陽甫であるが、いずれにせよ古くから伝承されてきた有名な予言者である。これを老子に結びつけたのは、後漢の神仙家であるらしく、後漢代の作と考えられる『列仙伝』の老子伝に「老子の姓は李、名は耳、字は伯陽、陳の人なり。殷の時に生まれ、周の柱下の史と為る……」とあるのは、老子を不老長生の人とすることから、その生まれを遠く殷代とし、春秋を溯る西周末に世に在った証拠として「伯陽即老子説」を推進したものと思われる。

ところで、当初は神仙家によって提唱された「伯陽即老子説」は、さらに後世になると、広く一般にも信ぜられるようになった。さきに小論は、『史記』老子伝の冒頭に「姓は李氏、名は耳、字は耼」とあると述べたが、現行の『史記』によれば、この部分は、

　姓は李氏、名は耳、字は伯陽、謚《おくりな》して耼と謂う。

と記されている。漢代の『史記』では小論のようであったのが、神仙説が流行するようになって、いつしか「字は伯陽」が加えられ、耼は謚《し》号とされるようになったのである。(8)「伯陽即老子」説が、同じく周の滅亡を予言したという「太史儋即老子」説に誘われて生じたことは確かであるとして、ここに留意したいのは、老子伝の虚構が、常にしかるべき先人に老子像を被せるかたちで展開していることである。

『史記』老子伝の形成を論じてきた筆者は、その冒頭において、まず「老耼即老子」説の発祥が『礼記』曾子問篇に見える老耼に老子像を重ねることにある、と述べた。零から出発した老子伝の虚構に際して、ただひとり孔子の師としての伝承を持つ「曾子問」篇の老耼に着目し、それを伝記作りの第一歩とした、というのである。

　虚構老子伝の形成される発端は、「曾子問」篇の老耼を老子に附会したことに始まると見る小論の見解は、現在必ずしも一般の容認を得るには至っていない。しかし、いま顧みて留意されることは、老子伝の形成される過程において、太史儋や伯陽といった著名の先人が、いともたやすく取り込まれている事実である。思うに、それというのも形成の発端が「曾子

問」篇の老耼を老子に附会するにあったからではなかろうか。逆にいえば、老子伝の形成が、まず「曾子問」篇の老耼に老子像を重ねることに始まったこと、このことが端緒となって後世に太史儋即老子、伯陽即老子の説を続出させる事態を生じた、と考えられるわけである。ここに一言いい添えておく。

注

（1）詳しくは四頁に記載の拙稿「呂氏春秋に見える老耼」を参照。

（2）『荘子』における老子・老耼については、木村英一『老子の新研究』第二篇第一章に、関係する全文が掲載されており、検索に便利である。もちろんその中に、次にいう孔老会見譚も含まれている。

（3）老子伝の形成される発端を『礼記』曾子問篇に見出す構想には、清朝中期の崔述『洙泗考信録』、幕末の儒者斎藤拙堂『老子弁』に負うところが大である。その点を含めて詳しくは六頁に記載の拙稿「礼記曾子問篇に見える老耼」を参照。

（4）関尹の名は、『呂氏春秋』では季秋紀審己篇・審分覧不二篇に、『荘子』では達生篇・天下篇に見える。

（5）以下に述べる下篇は、四頁に記載の拙稿「史記老子伝の形成——後半部を中心として」を略説し、また若干の補足を加えたものである。なお同じ場所に記す拙著『老子』第七章の2に述べた文は大分前の卑見によるものであって、小論とはまったく異なる内容となっている。

（6）太史儋の予言を、史実に照らして勘案するについては異説もある。注（5）に記載の拙稿を参照。

（7）太史儋の予言が行なわれたという献公十一年は、孔子の死（前四七九）から数えて百五年に当るはずであって、本文の百二十九年では献公死後のこととなる（「索隠」所引の徐広説は百十九年の誤りとするが、それでも在位時代を過ぎる）。

（8）「老子伝」に「字伯陽」が加えられ、耼が謚号とされるようになったのがいつのことであるかは明らかでない。ただ王念孫等の指摘するように、『文選』李善注、『後漢書』章懐注等の所引が旧来のままであることから推して、唐初以後であることは確かである。

第二章　郭店楚簡を軸とする『老子』の形成

はじめに

一九九三年冬、湖北省荊門市の郭店楚墓一号墓から、夥しい種類の竹簡が出土し、その中に三種の『老子』残簡が含まれていた。調査に従事した中国学者、及びその後に続出した日中研究者のほぼ一致する推論によれば、一号墓の造営された時期は前三百年前後ということであるが、やや早期に失するようで、まずは前二七〇年ころとでも解すべきであろう。というのは、郭店本には既に歴然と孟子の影響が見えており、その成書年代は早くとも前三百年前後と推定されることから、書写本の副葬が四世紀に溯ることはあり得ない、と考えられるからである。

郭店本は、二千余字を残す残闕本であるが、その二千余字は帛書・現行本の本文とほぼ合致している。ただ、その形態は現行本とかなりの相違があり、むしろ『老子』が現行本として成立する以前の過渡期のテキストであることを思わせるとともに、さらにこれを溯る原本の存在をも想起させる。つまり郭店本は、『老子』のテキストが、原本から現行本へと推移する間における、いわば形成途上のテキストと考えられるのである。

因みに『老子』の形成に関して二十世紀以後におけるわが国の通説は、早くとも前三百年ころに、まず原本『老子』が作られ、その後漸次に付加され、改訂が加えられて、最終的成立は漢代に入ってからであろう、ということであった。(1) この通説に対しては、一九七三年、馬王堆漢墓から出土した甲乙二種の「帛書老子」の内、甲本の書写年代が、漢の高祖の即位する以前、おそくとも直後であることが明らかとされたことによって、既に訂正の必要を生じていたのであるが、(2) それから僅々二十年の内にさらに「郭店本」の出現を見たことは、『老子』の原初的成立に関する従来の研究を根底から揺るがすものであるように思われる。

小論は、以上の観点に立って、郭店本を軸として改めて『老子』の形成を考え直すことを意図するものであって、主たる論点は次の通り。一、郭店本の概観、二、現行本との比較、三、残闕とされる郭店本全書の様相、四、郭店本の成書年代を孟子との関連に留意して検討する、五、郭店本以後、帛書・現行本に至る『老子』の思想の展開。以上の内、一節、二節については、既に先学の論攷が輩出しており、いまさらの感もあるが、筆者に独自の見解も無くはないので、ついでに掲げることとした。斯道の専家におかれては、特に三節以下に留意あらんことを切望しておく。

第一節　郭店本『老子』の概観

既に周知の資料ではあるが、行文の便宜もあるので、まず調査報告として刊行されている荊門市博物館編『郭店楚墓竹簡』（文物出版社、一九九八年五月刊）によって、その状況を一覧しておこう。因みに本書は、まず「前言」を設けて発掘の経過及び出土文物について略説し、次に『老子』三種を始めとする全竹簡について原寸大の写真版を掲げ、そのあとに原文に対応する「釈文」（通常の漢字による表記）と、問題の箇所についての「注釈」とを加えたものであって、ここでは博物館本と略称する。

博物館本は三種の『老子』残簡を甲乙丙と称するが、まず各簡の長さと残存の枚数を同書によって示すと、次の通りである。

甲——簡長三二・三糎　三十九枚
乙——簡長三〇・三糎　十八枚
丙——簡長二六・五糎　十四枚

次に残存の状況を三種別に、同じく博物館本によって記すと下表のようになる。

甲簡

①十九章―六十六章―四十六章（中段下段）―三十章（上段中段）―十五章―六十四章（下段）―三十七章―六十三章―二章―三十二章　［一～二〇簡］
②二十五章―章（中段）　［二一～二三簡］
③十六章（上段）　［二四簡］
④六十四章（上段）―五十六章―五十七章　［二五～三二簡］
⑤五十五章―四十四章―四十章―九章　［三三～三九簡］

乙　簡
①五十九章―四十八章（上段）―二十章（上段）―十三章　［一～八簡］
②四十一章　［九～一二簡］
③五十二章（中段）―四十五章―五十四章　［一三～一八簡］

丙　簡
①十七章―十八章　［一～三簡］
②三十五章　［四～五簡］
③三十一章（中段下段）［六～一〇簡］
④六十四章（下段）［一一～一四簡］

ここに掲げる漢数字は、いうまでもなく現行本の章数である。もちろん当時の『老子』に

こうした章別のあろうはずはなく、それらは各章に相当する文の意であるが、一々断ること
も煩に過ぎよう。小論でも便宜上、章数によって内容を示すこととしたい。なお（　）内に
上中下段とあるのは、一章の全文ではなくて、部分であることを示す。
各章は原則として、改簡することなく連続して記されているが、時に某章が簡末に近い箇所で終る場合、若干字分の余白を残して改簡され、次章は簡頭から始まることとなる。①②③……の記号は、各簡の連続状況によるまとまりを示すものである。
最後に［　］内の数字は、博物館本の写真版に付せられた竹簡の序数であって、いうまでもなく上記の甲簡三十九枚、乙簡十八枚、丙簡十四枚と対応する。
以上は博物館本に拠る紹介であるが、今それを八十一章に対する残存の状況として整理すると下記のようになる。

○全文を残すとされる章――二十三ヶ章

二・九・十三・十五・十七・十八・十九・二十五・三十二・三十五・三十七・四十・四十一・四十四・四十五・五十四・五十五・五十六・五十七・五十九・六十三・［六十四］・六十六

（上表に示すように、六十四章は二分されているが、上下を合して全文と数える）

○部分を残すとされる章――八ヶ章

五（中）・十六（上）・二十（上）・三十（上中）・三十一（中下）

四十六（中下）・四十八（上）・五十二（中）

〇形跡をとどめぬ章――五十ヶ章

以上の『老子』の総字数は、博物館本の「前言」によれば二〇四六字。残闕本となった理由は長年月にわたる盗掘によるというが、それには疑問も多く、今は不詳としておく。

ところで、ここに問題は甲乙丙三種の『老子』の副葬時における状況如何ということである。思うに三種の『老子』は、それぞれが［当時における］完本のまま副葬されたのではなく、そのいずれもが破本となったことから、三種を縫合して一冊の完本に仕立てた、という次第なのではなかろうか。すなわち、もし三種のすべてが完本であったとすれば、残闕部分には相当量の重複があってしかるべきであるが、重複例は、わずかに六十四章下段が甲①と丙④とに見えるにとどまる。これは何らかの事情によって生じた特例と解すべきであろう。また常識的に考えても完本三種を地下に死蔵することはあり得ないように思われるが、如何なものであろうか。

さて、以上によって郭店本の概観を了え、次にはこれに基づいての考察に移るが、それに関連して、郭店本の表記について一言しておこう。言うまでもなく郭店本の表記は古字古体であって、博物館本の「釈文」は、それらをできる限り通行の字体に改めるとともに、必要に応じて精細な「注釈」を加えている。郭店本の引用に際し小論では、煩をおそれて直ちに通行の字体で表記することとしたが、それらは原則として同書に負うものである。なお博物館本の読解にもなお多少の問題がある。同類の書として管見の範囲で次のような書があり、時に参考としたことを断っておく。

○崔仁義　荊門郭店《老子》研究（一九九八・一〇　万巻楼図書有限公司）
○魏啓鵬　楚簡《老子》柬釈（一九九九・八　科学出版社）
○池田知久　郭店楚簡老子研究（一九九九・一一　東大中国思想文化学研究室）

第二節　現行本との相違点

1　各章の順序

現行本[3]との相違点としてまず注目されるのは、章の順序がまったく異なることである。いま上表によって各章の排列状況を見ると、現行本と一致するのは、甲④の五十六章と五十七章の場合と、丙①の十七章と十八章の場合とを数えるに過ぎない。しかも丙①の場合、後述するようにこの両章は、郭店本ではまとまって一つの章を成していたと考えられることからすれば、実質的には甲④の一例だけ、ということになろう。

因みに帛書でも二十四章に相当する文は二十二章の前にあり、四十章と四十一章の順序は逆であり、八十章と八十一章とは合せて六十七章の前に位置している。八十一章の順序が現行のそれとして最終的に定着するのは、早くとも前漢中期以後のことと思われるが、ともあれ、帛書と現行本との差は小異といってよい。ところが郭店本の場合は、むしろまったく異なるものであって、つまり『老子』の章次は、郭店本以後に漸次改められ、帛書に至るころにほぼ現行本に近く形成せられた、という次第になろう。

2　上中下を付した章

まず甲①丙④に六十四章下段があり、甲④に六十四章上段があって、両者を現行本と較べると、文字に若干の相違はあるものの、上段と下段は、ほぼ六十四章の前半と後半に相当することが知られる。つまり郭店本では、現行の六十四章が二分されて、それぞれ別個の章を成していたのである。

因みに六十四章は、その前半において、人が禍いに罹らないための慎重な用意を論ずるものであるが、後半になると聖人の無為・無欲のさまを説く、というように、前後で論旨を異にしている。六十四章の本来が、前半後半で別の二章を成していたことは、その意味で首背できる。ただ後半にも「慎終如始」との一句があり、現行本は、おそらくこの点に着目して両者を合して六十四章としたのであろう。

ともあれ、六十四章の場合、上下が揃って残存していたことから、直ちにこの事実が確認されたわけであるが、その他の場合は如何であろうか。六十四章の例に照らせば、その片割れが別の一章として並存していた可能性は十分にあるといえよう。この点については次節で論ずることとし、次には各章個々の主要な相違点について一言しておく。

3　十七章・十八章・十九章について

先に触れたように、十七章と十八章とは、逆に合して一つの章を成していたと考えられるが、この点については、関連して十九章を含めての検討が必要である。まず郭店本と現行本とを対照して示すと次のようである。

丙①　十七章

太上下知有之、其次親誉之、其次畏之、其次侮之。信不足、安有不信。猶乎其貴言也、成事遂功、而百姓曰我自然。（文中の「安」は「焉」と同じ。「ココニ」或は「スナワチ」と読む。次の十八章の「安」も同じ。）

丙①　十八章

［故］大道廢、安有仁義。六親不和、安有孝慈。邦家昏□（亂）、安有正臣。

甲①　十九章

絶知弃辯、民利百倍。絶攷（巧）弃利、盜賊亡有。絶僞弃慮、民復孝慈。三言以爲辨不足、或令之有屬乎。視素保樸、少私寡欲。

現行本十七章

太上下知有之、其次親而誉之、其次畏之、其次侮之。信不足、焉有不信。悠兮其貴言。成功事遂、百姓皆謂我自然。

同十八章

大道廢、有仁義。［慧智出、有大僞。］六親不和、有孝慈。國家昏亂、有忠臣。

同十九章

絶聖棄智、民利百倍。絶仁棄義、民復孝慈。絶巧棄利、盜賊無有。此三者、以爲文不足故令有所屬。見素抱樸、少私寡欲。

十八章「大道廃有仁義」の首に「故」の字のある状況は、既に帛書甲乙によって知られており、かねて十七章との連続が問題とされていた。郭店本においても同様であり、また十七章と十八章との間に区分を示す記号の皆無であることは、帛書以来の懸案に終止符を打つものであって、両章がもと合して一章を成していたことが、ここに明瞭にせられたといえよう。

因みに十七章は「最上の統治は［治めていることを民に感じさせない］、民は君主の存在を知るだけだ」という趣旨の句に始まる。言うまでもなく無為の治の極致を示す句であって、これを最高とし、以下儒家の仁政を思わせる君主、冷厳酷薄の故に民に畏怖される法家流の君主と続き、放埒の故に民に侮られるだけという最低の君主に至る。そして後半は、無為の治の君主による治政のさまを説くが、さて、それは「民はそれぞれに所を得るが、民は［それが絶妙の統治のおかげであるとは考えず］ひとりでにそうなった、と思っている」とある。以上は十八章にいう大道の世の状況にほかならず、次にはそれの廃れた衰世の現状が慨嘆をこめて述べられる、というのが両章を合する一章なのである。

いま現行本による解釈では、十八章はむしろ十九章に繫がると考えられている。すなわち、まず十八章で衰世のさまが述べられ、そのあと十九章は大道の世へ復帰すべき方途を説くとみるものであって、確かに現行の十九章の内容は、それに相応しいといえよう。ところが郭店本では、十九章は無関係の場所に置かれている。しかも「絶聖棄智」は「絶知弃辯」であり、「絶仁棄義」は「絶偽弃慮」とあって、十八章とは対応しない。批判は当時の世相全般に向けられており、その分、反儒家色が希薄となっていることに留意されるのである。つまり本来の十九章は、十八章とはまったく関係のない別個の章であったわけである。

4　六十三章について

次には郭店本の六十三章が、下記のように現行本とかなり相違することについて一言しておこう。

甲①六十三章

爲亡爲、事亡事、未味亡味。大小之多易、必多難。是以聖人、猶難之。故終亡難。

亡（無）爲を爲し、亡事を事とし、亡味を味ふ。大小の易しとすること多ければ、必ず難多し。是を以て聖人は猶お之を難しとす。故に終に難きこと亡し。

現行本

爲無爲、事無事、味無味。大小多少、報怨以徳。図難於其易、爲大於其細。天下難事、必作於易、天下大事、必作於細。是以聖人終不爲大。故能成其大。夫軽諾必寡信、多易必多難。是以聖人、猶難之、故終無難。

以上から知られるように、郭店本六十三章は、現行本中傍線を付した部分に「之」字を加えただけで、分量としては精々三分の一ということであろう。博物館本はこの点を無視するかのように全文として処理しているが、その「注釈」には、「大小」以下を書写に際しての脱字か、或は現行本（帛書もほぼ同じ）が注釈の文を誤入したものか、と述べている。しかし、もし前者とすれば「之」字の処置が問題であり、後者とすれば「大小之多易」の句は如何にも不自然な表現であるように思われる。思うにこれは郭店本以前、既に書写に際しての脱落があり、その読解に苦しんだ郭店本もしくは先行者が、「之」を加えたという次第なのではなかろうか。

5 まとめ

さて、郭店本と現行本とを較べると、各章の順序はまったく異なっており、また六十四章は前段後段で別個の章であったことが明らかであるが、同様の例は上中下の付せられたその他の章についても想定される。一方、逆に十七章と十八章とは合して一つの章を成していたようである。このように郭店本が、その様式において現行本と大きく異なることは確かである。

しかし各章各段の内容をなす文についていうと、一々の文字に多少の相違はあっても、その論旨や構成は現行本と殆ど合致している。さきに述べたように十九章の文字には、重要な所で違いはあるが、その構成は同じであり、三分の一程度の分量でしかない六十三章にしても、仮にこれが当時の正文であったにせよ、現行本と論旨に変わりはないのである。

さて、それならば散佚部分をも含む郭店本の全書は、ほぼ現行本に匹敵する量の本文を具えていた、と解してよいであろうか。この点については若干の疑問がある。第一には、六十七章以下に相当する文が皆無であること。この点について筆者は、八十章・八十一章を除く、六十七章以下の十三章が郭店本以後に加えられた文であることを疑っている。これに関しては、第五節に言及する所存である。第二には、「道」をことさらに神秘化してを説くかに思われる一章・四章・十四章・二十一章の文がまったく見えないこと。しかし、これは単なる偶然であるやも知れず、またそうでないとすれば、『老子』において、これらの章の後出であることを論証することが必要となろう。いま筆者の考察はその点を究めるに至っていないので、若干の疑念を残しつつもここでは論及しないこととする。なお以上の二点を別としても、第三節に述べるように、郭店本以後、帛書に至る間における増補のあったことは否定し難いようである。

これを要するに、散佚部分を含む郭店本の全書が、現行の五千言をどの程度に含むテキストであったか、それは不明というほかはないであろう。ただ残存部分の状況から推して、現行本と合致する文を相当量含むテキストとして形成されていたことは確かである。さて、それならばそのテキスト、前三百年ころの『老子』は、いったいどのようなものであったろうか。次の問題としたい。

第三節　推定される郭店本の全書

郭店本の全書、すなわち前三百年ころの『老子』は、既に帛書・現行本と同じ本文を相当量含むテキストとして形成されてはいたが、しかし、その様式はかなり相違するものであって、すなわち第一には章次をまったく異にすること、第二には、現行本の上下二段、或は上中下三段の、いずれかの部分を一章とする例の見えることとである。

ここに問題は、第二の場合についてであって、つまり郭店本が、現行本各章の上中下いずれかを一章とする場合、いま六十四章の状況からすれば、その片割れは別の一章として並存していたことが予想される。しかし、中には片割れが独立の一章というより、むしろ残存部分の解説・補足であることを思わせる例もあり、その場合の片割れは郭店本以後に付加されたものと解される。そこで次には、六十四章を除く上中下の付せられた八つの章について、その文を含む現行本を記して、以上の点の検討を試みることとしたい。なお各資料は、一応次のように類別してある。

たとえば「某章上段」とあるときの下段は、［A］同じく郭店本の一章として並存していたと推定される例。［B］もともと郭店本には無く、それ以後に解説・補足として付記された、と推定される例。

［A］に相当すると思われる例

一、五章中段　甲②

天地之間、其猶槖籥與。虚而不屈、動而愈出。

現行本　五章

○天地不仁、以萬物爲芻狗。聖人不仁、以百姓爲芻狗。

◉天地之間、其猶槖籥乎。虚而不屈、動而愈出。

？多言數窮、不如守於中。

五章を構成する三段の内、上段は天地と聖人とが万物万民を自然のままに放置して無干渉であるさまを述べ、中段は天地の間が空虚に見えながら、次々と万物を生み出してゆくはたらき（実質的には「道」のはたらき）の無限であるさまを説き、下段は自己を顕示する饒舌よりも、内に蔵して寡黙を持するの勝ることを主張する、というように、三段相互の間には特に論理的な脈絡がない。三段は、それぞれ格調高い名言ではあるが論旨は別個のものといってよく、短い断章を強引に取りまとめて一つの章とした、という印象である。その意味で、郭店本における中段の別行は十分に首肯できる。そしてその場合、上段もまた一つの章として独立していたと解してよいのではないか。下段も『老子』に相応しい文であるが、これだけで独立の一章と見るには、短か過ぎるのではないか。或は別の章に含まれていたかも知れない。

いま郭店本の一章であったことが明白である中段には◉印を付し、一章として並存していた可能性の大である上段には○印を付し、また、いずれとも定め難いものには?印を付した。以下の例文についても同様である。

2、二十章上段　乙①

絶學亡憂。唯與呵、相去幾何。美與悪、相去何若。人之所畏、亦不可以不畏。

現行本二十章

◉絶學無憂。唯之與阿、相去幾何。善之與悪、相去何若。人之所畏、不可不畏。［荒兮其未央哉。］

○衆人熙熙、如享太牢、如春登臺。我獨泊兮其未兆、如嬰児之未孩。儽儽兮若無所歸。衆人皆有餘、而我獨若遺。我愚人之心也哉、沌沌兮。俗人昭昭、我獨若昬。俗人察察、我獨悶悶。澹兮其若海、飂兮若無止。衆人皆有以、而我獨頑似鄙。我獨異於人、而貴食母。

三段から成る二十章は、老子の独白の文として知られる。ところが郭店本では、その上段だけが単独の一章とされている。いま二十章を読むと、中段は快活に振舞う世人とそれに与し得ない我、下段は利口気に立ち回る世人とそれに同調できない我、という対照によって構成されている。ところが上段は、儒家の礼学や世の価値判断の煩わしさを慨嘆する趣旨であって、後の二段とは論調を異にする。その意味で郭店本の状況はもっともであるといえよう。

そしてその場合、中・下段は合して別の一章として並存していた、と解してよいのではないか。つまり郭店本以後、帛書に至るまでの間に二つの章がまとめられて二十章とされ、またそれに伴って上段の末尾には「荒兮其未央哉」の句が書き足された、という次第に解されるわけである。

3、四十六章中段下段　甲①

辠（罪）莫厚乎甚欲、咎莫憯乎欲得、禍莫大乎不知足。知足之爲足、此恆足矣。

現行本四十六章

○天下有道、却走馬以糞、天下無道、戎馬生於郊。

◉罪莫大於可欲、禍莫大於不知足、咎莫大於欲得。故知足之足常足矣。

四十六章は、まず前半で馬の使われ方に託して戦争の惨禍、特に農村の疲弊を訴え、後半でその原因は偏えに君主の飽くなき欲望にあることを述べて、その節制を要望するものである。ところが郭店本では、後半のみが一つの章とされており、その場合前半は、戦争の醸し出す惨禍をいう警句として並存していたと解してよいのではないか。なお王弼本には「罪莫大於可欲」の句がないが、帛書に加えて郭店本にも見えることからすると、王弼本の脱落は明らかである。

4、五十二章中段　乙③

閉其門、塞其兌、終身不孜（勤）。啓其兌、濟其事、終身不來（救）。

現行本五十二章

○天下有始、以爲天下母。既知其母、復知其子、既知其子、復守其母、没其不殆。

◉塞其兌、閉其門、終身不勤。開其兌、濟其事、終身不救。

○見小曰明、守柔曰強。用其光、復歸其明、無遺身殃。是謂習常。

五十二章は三段からなるが、その上段は母である「道」を体しながらも、子としての現実世界に留意すべきこと、一方、現実世界のさまが分かったら、また母なる「道」に立ち返るべきことをいい、下段は、得道の聖人が世間を治める場合、時に内に秘めた光を輝かせることも必要となるが、終ればまた本来の明に返るさまをいう。その意味で上段と下段には、「道」の世界と世俗を往来する聖人の在り方を説くところに共通点があるようにも思われる。ところが中段は、もっぱら外に対して内を閉ざすべきことの主張であって、やや論調を異にしており、その意味で中段の別行は頷けるようである。一方、その場合における上段と下段であるが、思うに上述の経緯からすると、両段が合せて一章を成していたとも考えられるし、またそれぞれ別の一章であった、とも想定されよう。

［B］に相当すると思われる例

5、十六章上段　甲③

至（致）虚極也、獸（守）中篤也、萬物方（旁）作、居以須復也。天道員員、各復其根

現行本十六章

◉致虚極、守静篤、萬物並作、吾以觀復。夫物芸芸、各復歸其根。▽歸根曰静、是謂復命、復命曰常。知常曰明、不知常妄作凶。知常容、容乃公、公乃王、王乃天、天乃道、道乃久、没身不殆。

十六章上段に相当するという郭店本の文は、現行本に較べてかなりの相違が認められるが、論旨はほぼ同じと思われるので、いまその点は不問に付しておく。問題は中下段であるが、これは別の一章を成していたというよりも、むしろ上段を解説する文と解すべきであろう。とすれば、この部分は、郭店本以後、帛書に至る間に付け加えられたものと考えられる。なお、このような文には▽印を付しておく。以下同じ。

6、三十章上段中段　甲①

以道佐人主者、不欲以兵強於天下。善者果而已矣、不以取強。果而弗矜、果而弗驕、果而弗矜。是謂果而不強。其事好。

現行本三十章

◉以道佐人主者、不以兵強於天下。［其事好還。▽師之所處、荊棘生焉、大軍之後、必有凶年。］善者果而已。不敢以取強。果而勿矜、果而勿伐、果而勿驕、果而不得已。

是謂果而勿強。

▽物壮則老、是謂不道、不道早已。

いま郭店本を現行本と較べると、末尾の「物壮則老……」の文が見えない。博物館本が「下」を欠くとして「上中」と表示したのは、その意味からであろう。しかしさらに留意すべきは、「天下」と「善者」との中間にある「其事好還。師之所処、荊棘生焉、大軍之後、必有凶年」の句の見えないことである。もっとも上記の内傍点の八字は、敦煌鈔本や碑刻本には見えず、もちろん帛書にも無い。おそらくは唐代以後の付加と思われるので、まずこの八字は論外におく。また「其事好還」は、郭店本の文末に「其事好」とあるのに対応するらしく、とすれば現行本は位置を前に移したものということになろう。しかし「還」の字の有無は不明であって、そもそも「其事好［還］」の句は、現行本にせよ、郭店本にせよ、前後の文との接続に疑問があり、これも、いまは不問に付しておこう。

そこで問題は「師之所処、荊棘生焉」の八字と末尾の「物壮則老……」であるが、後者は別に五十五章（甲⑤）にも見える文であることからすれば、或はそれを取って重出させたのであろうか。一方「師之所処、荊棘生焉」の句は有名であるが、しかし郭店本当時の『老子』に、この一句のみで独行していたとは思われず、いずれかの章に含まれていたか、或は郭店本以後新たに挿入されたものであろう。いずれにせよ本章の趣意は、「善者果而已、不以取強」（いくさの意義をよく心得た人は、勝つことだけを目的とし、それによって国の強大を図ることはしない）、つまり、戦国の世の常として兵を用いることもあろうが、その場合、勝利を得ることだけを目的とせよ、それによって国の強大を図ってはならない、という趣意である。ところが「師之所処、荊棘生焉」は、それによる惨禍を強調して戦争そのものを否定する句である。趣意を異にするこの句を挟む現行本に比して、初めの一節から直ちに「善者果而已」へ繋がる郭店本は、はるかに論旨明快である。三十章は、むしろ郭店本こそが本来の形であった、と解すべきであろう。有名なこの一句は、本章を純粋な反戦の論説であると誤解した後人が加えたらしく、本来の三十章には無かったのである。

7、三十一章中段下段　丙③

君子居則貴左、用兵則貴右。故曰兵者□□□□□。□（不祥之器也。不）得已而用之、恬淡爲上、弗美也。美之、是樂殺人。夫樂□□、□（殺人、不）以得志於天下。故吉事上左、喪事上右。是以偏将軍居左、上将軍居右。言以喪禮居之也。故殺□□（人衆）、則以哀悲莅之、戦勝則以喪禮居之。

現行本三十一章

▽夫佳（惟）兵者、不祥之器、物或悪之。故有道者不處。

◉君子居則貴左、用兵則貴右。兵者不祥之器、［非君子之器］。不得已而用之、恬淡爲上、勝而不美。而美之者、是樂殺人。夫樂殺人者、則不可以得志於天下矣。吉事尚左、凶事尚右。是以偏將軍居左、上將軍居右、言以喪禮居之。殺人之衆、以哀悲泣之、戰勝以喪禮處之。

冒頭の一節は帛書にもあり、そこでの初句は「夫兵者、不祥之器也」。これが本来の姿であって、現行本の「佳兵」は、おそらく一本に「夫惟兵者」とあった、その「惟」を誤読したものであるらしい。ともあれ冒頭の一節は、全文の序であって、これがなくとも文意は疎通する。しかもその序は、「兵者不祥之器」の句を重出させ、また二十四章から「物或悪之、有道者不処」の句を取って作文したものと思われる。長文にわたる論旨を分かりやすくするために設けたのであろうが、むしろ無い方がすっきりとした感じである。本章もまた、本来の姿は郭店本にあると解すべきであろう。

8、四十八章上段　乙①

學者日益、爲道者日損。損之或（又）損、以至亡爲也。亡爲而亡不爲。

現行本四十八章

◉爲學日益、爲道日損。損之又損、以至無爲。無爲而無不爲。

▽取天下常以無事。及其有事、不足以取天下。

下段の文は『老子』の言葉として、いささか格調に欠けており、これが郭店本で一つの章を成していたとは、到底考え難いようである。郭店本では独立の一章であった上段に添えるために、五十二章の「以無事取天下」に拠って急遽作成した文であったか、と推定される。

以上、博物館本が上中下を付している八つの章の現行本について、郭店本には見えない片割れが、別の一章として郭店本全書の中にあったと推定し得るか、それとも郭店本以後に付加されたものと解すべきか、卑見を述べてきた。その結果を取りまとめるに当り、まず『老子』各章における短文と長文とについて一言しておこう。

さて、現行の八十一章の中、短文の例としては、まず「反者道之動、弱者道之用。天下万物生於有、有生於無」(四十章)の二一字があり、次に「谷神不死、是謂玄牝。玄牝之門、是謂天地根。綿綿若存、用之不勤」(六章)の二五字がある。続いては十八章の二六字であるが、郭店本では十七章と合して一つの章を成していたと考えられるので、これを別にすると、あとは四十四章が約四〇字であるのを始めとして、四〇〜四五字の章は枚挙に遑がないといえよう。以上から、三〇字以内を短文の章と解しておく。

一方長文の章としては、二十章・三十一章・三十九章(昔得一者章)は約一三五字から成り、三十八章（上徳不徳章）・六十四章は約一三〇字である。そして、これらに続くのが六十七章の約一〇五字、十四章の約一〇〇字であることからすると、まずは一三〇字以上を長文の章と見做してよいであろう。

いま郭店本全書の状況を、Ⅰから8までの検討を通して推察すると、次の諸点が留意されてくる。

Ⅰ〜5、8の「◉印」によれば、一一八字以内の短章が確実に六個ふえる。またⅠ・3・4の「〇印」によれば、同じく短文の一章を成していたと推定される例が三、四個ある。一方、上記長文の章の内、六十四章が二分されていたことは明白であるとして、2によれば二十章は三分の一と二とでそれぞれ別の章である。また7によれば三十一章は約十八字を減ずる。かくて長文の章として残るのは三十八章と三十九章のみ、ということになる（その外、6によれば三十章は二十八字減となる）。

かくて郭店本の全書は、現行本に較べて概して長文の章が少なく、むしろ短文の章を多く含むものであった、と推定される。

以上は、部分を残す章と、それを含む現行の各章とを照合しての考察である。部分すら残さない五十の章の内、同じような例がさらにどの程度にあったものか、この点に関しては推測のすべは無い。ただ現存する分量が二千字に達していることからすると、散佚部分にも同じような例が相当数あったことは、想像して大過はないのではなかろうか。

たとえば長文の三十九章は、ほぼ三分の二を費やして「得一」の功を説くが、あとの三分の一は「貴・高は、賤・下を以て、本・基と為す」の句に始まり、侯王たる者すべからく謙虚を旨とせよとの論であって、前半の論旨とは繋がらない。これは、前半の末尾に侯王の貴・高も「一」によってこそ維持される旨の文があることから連想されて、ここに付加されたもののようである。もしそうとすれば、三十九章もまた、郭店本では二つの章に分れていた可能性が大である、といえよう。

ところで郭店本は、残存部分だけについて考えても、既に多様な思想を内包しており（第五節を参照）、さらに溯る原本のあったことを思わせる。一方、郭店本から現行本へと推移した状況を逆行させて考えると、その原本とはさらに多くの短章を含むものであって、察するに当初の原本『老子』とは、主として警句的な断章を羅列する風の書だったのではなかろうか。つまり郭店本とは、原本以来の短章をかなり残しながら、一方、論説的・解説的記述を加味した章をも交えて、帛書・現行本に一歩近付いた形成途上のテキストである、と考えられる。

第四節　郭店本の成書年代

郭店本副葬の年次について、先学のほぼ一致する見解は前三百年を前後するころということであるが、もし然りとすれば、それに先立つ書写年から、さらに先行する成書年代ということになると前三四〇年ころに溯る可能性を想定しなければならない。因みに『老子』の原初的成立を早くとも前三百年とするわが国の通説の主要な根拠は、『老子』の思想に孟子の影響を見出したことによる。特に十八章の冒頭に「大道廃有仁義」とあって、儒教を批判するのに「仁義」の語の使用されていることは、その影響を決定付けるものであった。ところが、その十八章に相当する文は郭店本丙①に歴然と見えており、いまその影響を書物としての『孟子』によるものとすれば、郭店本の成立年代は、早くとも前三百年を溯るものではないはずである。

いったい孟子の生没年は、古来不詳とされているが、たとえば銭穆は「前三九〇?～三〇五年?」とし、楊寛は「前三八〇?～三〇〇年?」とするように、いわば前四世紀を生き抜いた長寿の人であったことは確かであろう。しかし、その前半生の経歴はまったく不明であって、彼の活動が顕著となるのは、晩年に近い前三二〇年、梁の恵王にまみえて王道を説いた時に始まる。二度目の王位にあった恵王の後元十五年に当っており、既にかなりの高齢に達していたと思われる王は間もなく没する。次いで前三一八年、太子であった襄王が即位するが、初対面で王の器量に失望した孟子は、そのまま梁を去って斉に行く。斉では宣王の厚遇を得て卿位に叙せられ、滞在は五、六年に及んだと思われる。その間、斉の君臣を相手に自説を開陳し、時に政治の枢機に参画してもいたようであるが、対燕政策について宣王と意見が合わず、前三一二年、遂に斉を去った。その後は小国滕の文公に身を寄せたり、宋・魯に赴いたといわれるが、最終的には故郷の鄒に帰って著作に従事し、おそくとも前三〇〇年には没したものと推定される。そして、その著作は彼の生前から死の直後にかけてなされたもののようで[4]、とすればその影響の見える書の成立は、前二八〇年ころまで下ると解すべきであろう。

しかし、孟子の影響は必ずしも著書を俟つものではなかった、とも考えられる。すなわち、孟子の社会的活動は、文献の上からは前三二〇年に始まるが、しかし孟子には、それに先立って長期にわたる前半生があった。前三二〇年以降、梁（魏）・斉といった当時における大国の君主に相次いで謁見をゆるされ、しかも両国において相応の待遇を得ていたように思われる状況から推すと、孟子の思想名声は、それ以前既に風聞によって天下周知のものとなっていた、とも推測されるからである。もし然りとすれば、郭店本の成書を仮に前三二〇年ころと見ても、その書に孟子の影響を思わせる文の含まれていることは、必ずしも異とするには当らないであろう。

いま郭店本の成立年次を定めるについて、孟子との関連に留意したのであるが、以上の経緯に照らすと、要するに前三二〇年から前二八〇年に至る間ということになろうか。約していえば前三百年ころの『老子』である。副葬の年次を前三〇年前後とする博物館以来の通説は、早期に失するようで、まずは前二七〇年から二六〇年ころとでも称すべきであろう。

ともあれ郭店本の出土は、『老子』の成立は早くても前三百年ころ、それも現行本とは程遠い原本と見る通説を、根底から覆すものである。同じ前三百年のころ、既に現行本と合致する文を相当量に含む『老子』が行なわれており、しかもその『老子』には、さらに溯る原本の存在が予想される、という次第であって、『老子』の形成史は、ここにさらに半世紀ほど溯って考察すべきことが要請される次第となったのである。

第五節　孟子の影響による思想の変化

郭店本には歴然と孟子の影響が看取されるが、しかし、それに先行する原本は当然のこととして無関係である。つまり郭店本は、『孟子』の影響の見える最初のテキストということになるが、さて、当初は無関係であった孟子の影響が加味されたことによって、『老子』の思想には注目すべき変化が現れてきたように思われる。

郭店本丙①に「大道廃、安有仁義」を含む十八章の文の見えることは上述したが、思想の変化という点でそれ以上に注目されるのは、甲①に六十六章に相当する文が次のように見えることである。(5)

江海所以爲百谷王者、以其能爲百谷下。是以能爲百谷王。聖人之在民前也、以身後之。其在民上也、以言下之。其在民上也、民弗厚也、其在民前也、民弗害也、天下樂進而弗厭。以其不争也、故天下莫能與之争。

江海の百谷に王と為る所以は、其の能く百谷の下と為るを以てなり。是を以て能く百谷に王為り。聖人の民の前に在るや、身を以て之を後にす。其の民の上に在るや、言を以て之に下る。其の民の上に在りて、民は厚（重）しとせず、其の民の前に在りて、民は害とせざれば、天下は進む（推す）を楽《ねが》いて厭《あ》かず。其の争わざるを以てや、故に天下能く之と争うもの莫し。

上文は現行本に比して未整備の感はあるが、論旨には殆ど変わりがない（括弧内は現行本の文字）。まず江海は低所に位置しておればこそ、諸々の小川の水（民）を集めて帝王然としていられるのだという譬えを述べることに始まって、柔弱謙下を旨とした古の聖人（聖王）

は、「民の前にいても我が身を後回しにし、民の上に立ってもその言葉を謙虚にした」。そこで「上にあっても民に圧迫感はなく、前にいても民は邪魔だとは思わない」。このようなわけで「天下は王者として推戴することを願って厭くことを知らない」。「不争を旨とする聖人には、天下に敵対するものは無く、まさに王位は安泰であった」というのである。

因みに郭店本では十八章に先行して「大道の世」を説く文とされる十七章によれば、民は君主の存在することを知るだけ。民はそれぞれに所を得るが、それは「君主の絶妙な無為の治によるものとは露知らず」ひとりでにそうなったと考えている、とある。いったい『老子』の理想とする聖王は、「道」の体得者であり、時には「道」そのものである。「道」は日々に造化の大功を成し遂げながら、その功を誇示せず、人もまた「道」の功を意識しない。十七章の論は、無為の治の極致を示すものではあろうが、余りにも理念的であって、世の君主に対する現実的教訓とは為しがたい気もする。しかし、ともあれこれが老子のいう無為の治の基本であることは確かであろう。

ところが六十六章は、王者となる条件を柔弱の振舞い、及びそれによる民の支持にあるとし、「天下は推すを楽いて厭かず」とまでいう。思うにこれは、孟子の主張する王道政治論を道家風に焼き直したものと解すべきではなかろうか。つまり、ここにいう「柔弱謙下」の政治とは、「仁政」の置き換えであると考えられるのである。そして、さらに留意したいのは、柔弱謙下を持することによって天下に王となったという、新しい聖人像の登場である。

これと同じ聖王像を説くものとして、郭店本には見えないが、同じ趣旨をいうものとして、七章の後半に次の文がある。

是を以て聖人は、其の身を後にして身先だち、其の身を外にして身存す。其の私無きを以てに非ずや、故に能く其の私を成す。

聖人はわが身を後回しにすることによって民の先となり、わが身を度外におくことによって王としての地位を確保した。わが身を後・外にすることは、すなわち私を無にする柔弱の行為であるが、かくて成し得たという私とは、世俗の私を超えたまことの私であって、老子流にいえば「大私」である。六十六章に比して婉曲な表現ではあるが、本文に即していえば天下に王となることであって、要するに六十六章にいう聖人のさまを抽象化した文である。七章が郭店本の散佚分に含まれていたか否かは不明であるが、六十六章におくれて作られた文であることは確かであろう。

もう一例として二十二章があるが、まずその形成に関係があろうと思われる二十四章の文を掲げ、次に二十二章を記す。

企者不立、跨者不行。自見者不明。自是者不彰。自伐者無功。自矜者不長。其在道也、餘食贅行。物或悪之、故有道物不処。（二十四章）

曲則全、枉則直、窪則盈、敝則新。少則得、多則惑。是以聖人、抱一為天下式。不自見故明。不自是故彰。不自伐故有功。不自矜故長。夫惟不争、故天下莫能与之争。古之所謂曲則全者、豈虚言哉。誠全而帰之。（二十二章）

この二章は、傍線の箇所を較べて明らかなように相互に関連している。また二十二章末にいう「夫惟不争、故天下莫能与之争」は、六十六章にも見えた句であって、同じく柔弱謙下による天下統一を遂げた聖人のさまを述べる文であることが知られよう。

いま二十四章を読むと、まず冒頭に「爪立ちの姿勢や大股の歩行は、長くは続かない」（不立・不行は誇張の言）とあって、不自然な（剛強の）振舞いを戒めることに始まり、次に傍線の箇所となる。「自ら見《あらわ》す者は明らかならず。自ら是《ぜ》とする者は彰《あらわ》れず。自ら伐《ほこ》る者は功無し。自ら矜《ほこ》る者は長からず」とは、自己を顕示すれば、折角の聡明さも色褪《あ》せる。自己の正義を言い張れば折角の正義も認められない。自己の功績を自慢すれば折角の功績も台無しになる。自己の栄位を誇れば折角の地位も長くは止まれない、ということであって、これは自己顕示等々の剛強の行為が、かえってマイナスになることを述べるものである。そして結語では、傍線部にいう自己顕示等の行為を「余食贅行《よしぜいこう》」（余った食事・無用の行為）と決め付ける。本章は、剛強の振舞いを戒めて、ひたすら柔弱謙下そのものをすすめる趣意の文といえよう。

一方二十二章は、「曲則全（曲なれば則ち全し）」、己れを屈してこそ我が身は安全、一説に曲がりくねった木は、そのゆえに伐採を免れて天寿を全うする、という古諺を中心とする文であって、まず古諺と同じく世俗的にはマイナスである状態に甘んずることが、却って成功をもたらすとする六句を並べ、次にそのことの正当性を聖人の在り方によって証明する。「聖人は……自ら見《あらわ》さず、故に明なり。自ら是とせず、故に彰わる。自ら［功績を］伐らず、故に功有り。自ら［地位を］矜らず、故に長し」とあるのは、聖人は柔弱謙下を旨とする四箇条を信条としたからこそ、「聡明は世に轟き、その主張は正論として顕彰され、功績は称えられ、長く栄位に止まり得た」ということである。そしてそれを承けて、柔弱を持する聖人の態度を「不争」の語で総括し、その上で「天下莫能与之争」と断ずるのは、聖人が柔弱を持することによって天下に王となった経緯を述べるものである。

いま両章を較べると、二十四章は一気に所信を述べた文であることを思わせるが、二十二章は「曲則全」という古諺を軸として、聖人のありさまを叙するという技巧が弄せられており、それだけに先行する文を寄せ集めた感が深い。思うに二十二章の傍線部は、二十四章のそれを、そのまま裏返しにして、ここに挿入した、ということであろう（帛書では、二十四章が二十二章の前に置かれている。この事実は、或は両章の本来的関係を如実に示すものであるかも知れない）。一方、「故天下莫能与之争」の句が共通することから知られるように、本章もまた六十六章のあと、それに続いて作られたことは確かであろう。

以上に述べてきた六十六・七・二十二の三章は、いずれも聖人（古の聖王）が、柔弱謙下を持することによって天下に王となった次第を述べるものであるが、それは『老子』に当初からあった所説でなく、郭店本によって初めて登場する聖人像である。そのことは、二十四章に対する二十二章の後出ということによっても知られるが、それ以上に見逃せないのは孟子の聖王像からする示唆であったと考えれる。

さきに柔弱謙下による天下統一の論は、孟子のいう仁政による天下統一の主張の焼直しではないか、との推論を呈しておいたが、さらにいえば次の点に留意されよう。すなわち『孟子』には、「国君好仁、天下無敵」の句が離婁上と尽心下の二ヶ所にあり、また、公孫丑上には仁政を行うための五ヵ条を実践した場合のこととして、滕文公下には殷の湯王の討紂に関連して、「無敵於天下」の句が見える。思うに二十四章・六十六章に重出する「以其不争、故天下莫能与之争」の中、「不争」とは「仁」の置き換えであり、「天下莫能与之争」は「天下無敵」の言い換えではあろう、と考えられる。

これを要するに郭店本は、孟子の影響の見える最初の『老子』ということになるが、関連して留意されたのは、「柔弱謙下を持することによって天下に王となった」という聖人像の登場ということであって、それも孟子の影響によると考えられるが、また従来の『老子』にはなかった新しい聖人像である。次節では、原本―郭店本―帛書・現行本と続く『老子』の形成を、この聖人像をめぐって検討することとしたい。

第六節　郭店本以後における『老子』の展開

郭店本に始めて見えるという新説とは、要するに「聖人（古聖王）は、柔弱謙下を信条とすることにより、天下に王となった」という趣旨である。この新説は、柔弱の当事者が聖人であること、その効験は天下に王となること、この二点において、老子の柔弱論に劃期的意味をもたらしたものと考えられる。また『老子』を特色づけている「柔弱は剛強に勝つ」という趣旨の句は、これからして郭店本以後に発生したもののようである。

『老子』にいう聖人とは、「道」を身に体した至上の人格である。その聖人は、漠然と理想的人格を示す場合もあるが、その多くは古代の聖王を思わせるものであって、それは世の君主に対して、模範的帝王像を提示する意味を持っていた。しかし、その場合でも、その聖人のありさまは、たとえば二章に「無為の事に処り、不言の教を行う」、五十七章に「我れ無為にして民自ら化す」などとあるように、「道」の無為に即して説かれるのが通例であって、柔弱が適用される例はなかった。また三十七章に「道は常に無為にして、而も為さざるは無し。侯王（世の君主）若し能く之を守れば、万物（万民）将に自ら化（帰服）せんとす」とあるように、王者への途は、無為を守ることにあると、されていたのである。

一方柔弱についていうと、上述した二十四章は柔弱論の一典型であるが、それはもっぱら柔弱の処世をすすめるにとどまり、特にその効験には言及がない。「上善若水」を首句とする八章末に「夫れ唯だ争わず、故に尤（災禍）無し」とあり、「名と身と孰れか親しき、身と貨と孰れか多《まさ》れる」に始まる四十四章の結句に、「足るを知れば辱められず、止まるを知れば殆うからず、以て長久なる可し」とある場合、「尤無し」「長久なる可し」の二句は柔弱の効験を述べるものではあるが、これは乱世に処する人々のささやかな願望の成就という程度のことであろう。

不争無欲を主旨とする柔弱は、むしろ富国強兵に狂奔して民の困苦を顧みない世の君主に対しての要請であった。戦国の世の常として止むを得ず戦うこともあろうとしつつも、三十章では勝つことだけを目的とせよ、それによって国の強大を計ってはならないとし、三十一章では、戦いは最小限に処理せよ、勝利を美とするなかれ、戦争には悲哀の念をもって臨めと述べ、十二章・五十三章では豪華奢侈を戒め、五十八章では苛政の弊を説いて寛容の統治を旨とすべきことを主張する等々、いずれも君主に対する柔弱謙下のすすめである、といってよい。しかし、これらの文中に、天下に王となるという類の句は皆無である。柔弱謙下は、君主に対する場合でも、政治論というよりは処世のための教訓なのである。

柔弱の当事者を聖人とし、その効験を天下の王とする新説が、まさに新説と称するに相応しいことは、以上によって了解せられたものと考える。もっとも本文に即していえば、それは古聖王が柔弱を持して天下に王となった、というだけのことである。しかし、これを世の君主に示した模範的帝王像として解すれば、新説は「君主たる者、天下に王となることを志すのなら、すべからく柔弱を旨とせよ」という教訓である。いま王業の成就を一般論としていえば、現実的成功の最たるもの。新説の登場は、まさに現実的成功を期待する趣旨での柔弱論の登場ということである。「無為而無不為」における「無不為」が天下統一に当るとすれば、柔弱はまさに「無為」に匹敵する重みを持つことになったのである。

いったい老子の「道」は、儒家を始めとして百家の道をその中に包んで唯一絶対を誇号するものであり、従ってその「道」を身に体した聖人は、儒家の聖人を超越する存在であったはずである。また「無為而無不為」という聖人像の正当性は、既に「道」の在り方によって根拠づけられており、その正しさを証明する必要など当初からなかったのである。

ところが、理念的・抽象的な無為とは異なり、現実的・具体的である柔弱を旨として天下に王となったという聖人は、既に儒家の聖人に並ぶ存在である。四十章に「弱者道之用」とあるように、柔弱もまた「道」に基礎付けられており、無為のいわば属性である。とはいえ、世間一般の用語でもある柔弱が、それによって最大の現実的成功を期待し得ることを主張するとなれば、やはりそれ相応の配慮を必要とする。「柔弱は剛強に勝つ」とは、そのために展開された一大キャンペーンだったのである。

「柔弱は剛強に勝つ」という趣旨の句は、三十六章・七十六章・七十八章に見え、『老子』の思想を特色づけているが、思うにこれらの章は、郭店本以後、上来の趣旨を誇張し、より鮮明にするために作られたものと考えられる。

将欲歙之、必固張之。将欲弱之、必固強之。将欲廃之、必固興之。将欲奪之、必固与之。是謂微明。柔弱勝剛強。……（三十六章）

将に之を歙《ちぢ》めんと欲せば、必ず固《しばら》（姑）く之を張れ。将に之を弱めんと欲せば、必ず固く之を強くせよ。将に之を廢せんと欲せば、必ず固く之を興せ。将に之を奪わんと欲せば、必ず固く之に与えよ。是を微明と謂う。柔弱は剛強に勝つ。

人之生也柔弱、其死也堅強。草木之生也柔脆、其死也枯槁。故堅強者、死之徒、柔弱者、生之徒。是以兵強則不勝、木強則折。強大処下、柔弱処上。（七十六章）

天下莫柔弱於水、而攻堅強者、莫之能勝、以其無以易之。弱之勝強、柔之勝剛、天下莫不知莫能行。是以聖人云、受国之垢、是謂社稷主、受国不詳、是謂天下王。正言若反。（七十八章）

以上の三章の内、七十八章の場合は、結句に「聖人云う、国の垢（恥辱）を受くる、是れを社稷の主と謂う。国の不祥を受くる、是れを天下の王と謂う」とあり、これは柔弱による天下統一の論を忠実に発展させて、独特の帝王論を提示したものといえよう。しかし七十六章に、剛強に対する柔弱の優位を述べる文は、もっぱら自然界の事象を根拠とする、強引さだけが目立つ拙劣な論説であって、特に末句の「強大は下に処り、柔弱は上に処る」は、王弼のいうように、これが樹木に関しての論であるとすれば、下は根、上は枝葉ということになり、これは根の在り方に「道」を想起する十六章の思想とまったく相反する。

特に問題となるのは、三十六章であって、これは一読して明らかなように、柔弱を装い油断させて敵を討つ、という策略を述べる文である。『戦国策』魏一に「周書曰」として、ほぼ同じ文が引用されいるが、「周書」とは合縦連衡を説いたとされる縦横家の論説を集めた書。微明という老子流の言葉で評してはいるが、まさしく権謀術数の論である。

孟子と接触する以前の『老子』は、おそらく「道」に関する諸論説、「無為而無不為」を基本的在り方とする聖人論、世の君主を含む一般人を対象とする柔弱謙下の処世論、を主とするものであった。無為による天下統治の論は、世の君主に対する模範的帝王像の提示というよりも、むしろ人が何事かを為そうとすればするほど世の混乱は増すばかりだ、という観点に立っての、世相風刺の意をこめた、いわば批評家的発言であった。

ところが柔弱による天下統一の主張は、孟子と張り合うことによって生じた現実的政治論であって、百家の思想との接触がここに始まることとなる。一方、現実的成功を期待する趣旨での柔弱論は、ともすれば、成功を勝ちとるための柔弱論となりかねず、ここに功利的発想を生ずることになる。さらに成功を得るために柔弱を装うこととなって、権謀術数の世界に接近することとなる。「柔弱の剛強に勝つ」ことが、一面の真理として世にあることは確かであるが、戦国の常識としては、やはり「剛強は柔弱に勝つ」のである。その常識を覆して、「柔弱の剛強に勝つ」ことを全面的真理として主張するとなれば、やはり雑多な思想言説を借りることが必要となってくる。

三十六章は全面的に他学派に負うものであって、これが『老子』中の一章であるとは到底考え難い内容である。おそらくは最も後れて付加された章であって、『老子』の思想の広がりの最終段階を示すもののようである。なお三十六章ほどの異様さはないが、「柔弱勝剛強」の意を体する文として、以下の例がある。

六十七章に理想的帝王の保持したという「三宝」の第一である「慈」について、「慈以て戦えば則ち勝つ」とあるのは、用兵の根本は徳・仁義にあるとする『荀子』議兵篇の論に通ずるものであり、第三に挙げる「敢えて天下の先と為らず」は柔弱の統治を説くが、また黄老の人臣統御の術を想起させる。また兵家言を思わせる六十八章・六十九章に、「善く戦う者は怒らず、善く敵に勝つ者は与せず（不与は真っ向から勝負しないさま）」「吾れ敢えて主と為らずして客と為る、敢えて寸を進まずして尺を退く」とあるのは、要するに柔弱による勝利を説くものである。さらに六十八章に「善く人を用いる者は之が下と為る」とある句は、謙下の功を説くが、黄老へ繫がる面もあるような気がする。

さきに小論は、郭店本に六十七章以下の文の皆無であることに留意し、それ以後の付加であろうか、との疑義を呈しておいた（四七頁）。いったい六十七から七十九に至る十三章中には、『老子』の全般とは論調を異にして後出を思わせる文が多いようである。柔弱論と関係はないが、七十三・七十七・七十九の三章には天・天道の語が頻出しており、それは一般には難解である「道」を世俗的な言葉に置き換えたものかと思われるが、やはり後出の文と解すべきであろう。因みに帛書では、六十六章の次に八十章・八十一章が位置し、そのあとに六十七から七十九に至る十三章が続く形になっている。この事実もまた、上来の論旨に関係するものであろうか。[6]

むすび

小論は、まず博物館本によって郭店本の状況を略説し（第一節）、次に現行本との相違点について述べた（第二節）。以上は、若干の卑見を混えてはいるが、殆どは既に先学によって論じ尽くされているところである。

小論の意図は、この二節を踏まえつつ、新資料としての郭店本を軸として、『老子』の形成を考え直すことにある。第三節以下がそれであるが、顧みて論旨に明晰を欠くかに思われる点もあるので、論点を要約整理して小論を結ぶこととしたい。

［第三節］　まず残闕である郭店本について、散佚部分をも含む全書の様相がどのようであったかを勘案し、それを根拠として郭店本には、さらに溯る原本のあったことを想定する。ここに原本とは、固定された一書を考えるのではなく、絶えず成長し続けて、郭店本の時期に至った『老子』を想定するものである。

［第四節］　「大道廃、安有仁義」の句を含む郭店本の成書が、孟子以後であることは明白である。孟子の影響は、一般に書物としての『孟子』によると解されているが、小論では風聞による可能性も考慮して、成書年代を、一応前三二〇〜二八〇年と定める。

［第五節］　郭店本の時期、孟子と接触することによって生じた思想の変化という観点から、郭店本にも見える六十六章に留意する。それは、まず聖人が「言葉を謙虚にし、［万事民を先にして」わが身を後回し」にしたことによって、為政者に対する民の重圧感を取りのぞいたので、天下は天子に推戴することを願って厭くことを知らないありさま。かくて聖人の栄

位は安泰であった、という論旨である。

これは孟子の王道政治論にいう「仁政」を「柔弱謙下の政治」に置き換えたものと思われるが、また「無為による天下統一」というそれまでの聖人（古聖王）とは異なり、「柔弱による天下統一」という聖人像の出現を意味する。新しい聖人像は、別に二十二章にも見え、それは二十四章との対比によって、明かに後出の文であることが知られるが、さらにその内容は現実的成功のための柔弱、という趣意を濃厚に示すものとなっている。

［第六節］　郭店本以後における展開として、「柔弱による天下統一」の主張を強力に推進すべく「柔弱は剛強に勝つ」というスローガンの登場したことが留意される。この句は『老子』の思想を特色づける有名な命題であるが、この句を含む三十六・七十六・七十八の三章は、その内容から推して『老子』の形成の最終段階に成るものと考えられる。さらにこの命題の生じたことにより、『老子』の思想には功利主義・権謀術数などの雑多な要素が混入してきたように思われる。

注

（1）二十世紀に入ってからの代表的老子研究として、武内義雄『老子原始』（一九二六）『老子の研究』（一九二七）、津田左右吉『道家の思想と其の展開』（初版『東洋文庫論叢』八　一九二七）、木村英一

『老子の新研究』（一九五九）がある。以上は研究の方法をまったく異にするが、『老子』形成の年次に関しては、ほぼ同じ結論に達している。なお中公文庫『老子』（小川環樹訳注、一九七三）の「解説」も同様の説を述べている。

（2）周知のように「帛書」は、上篇を徳経、下篇を道経とする特異なテキストである。しかし、内容をなす本文についていうと、ほぼ現行本と一致しており、その相違は精々『老子』の異本という程度にとどまる。その意味で「帛書」は、現行本の祖形とも称し得るテキストであり、また最終的形成を示すテキストであるといえる。

（3）現行本のテキストは、王弼本中の善本として定評のある宇佐見恵考訂「王注老子道徳経」（明和七年刊）を底本とし、時に諸本を参照して精善を期した。

（4）『史記』は『孟子』を孟軻の自著とする。確かに梁恵王篇など、孟軻自身の関与がなければ書き得ないと思われる篇もあり、生前から進められていた計画が、死後に弟子たちによって完成した、というのが実情であろう。

（5）『老子』八十一章のうち、『孟子』の影響に成ると思われるものとして、さら「大国下流、天下之交」に始まる六十一章がある。本書の第四章「孟子と老子」を参照されたい。

（6）八十章・八十一章を巻末におくテキストが早く帛書以前にあり、そこで帛書は新出の十三の章を、取り敢えずその後に付した、という次第なのではあるまいか。なお最も晩出であろうと思われる三十六章の文が、何故にそこに位置しているのか、それはわからない。

第三章　六家要指考——漢初黄老の資料として

はじめに

『史記』太史公自序（「自序」と略す）に、司馬遷の父談の作という「六家要指」なる文が引用されている。ここに六家とは陰陽・儒・墨・法・名・道をさすが、その内容は、まず道家を除く五家の説それぞれについて短所と長所とを述べ、最後に道家こそは五家の長を採り、五家に優越する完全無欠な思想政策であることを論ずるものであって、端的にいって道家の美を極力宣揚する趣旨の文であるといえよう。そしてさらにいえば、道家という学派名の初めて見える文としても知られている。

ところが、ここにいう道家とは、いわゆる老荘流の道家ではない。それは明かに黄老の旨を体するものであって、その意味で「六家要指」は、いわゆる漢初黄老の一典型を示す貴重な資料である、と筆者は考えている。この点、従来の黄老研究では見落とされているかに思われるので[1]、周知の文献ではあるが、敢えて表題を掲げ識者の高判を乞う次第である。

因みに前漢の初期、黄老と称する道法折衷の説があり、武帝期における儒教国教化に至るまで中心的政治思想として流行していたことは余りにも有名な史実である。黄老の語は先秦の書には見えず『史記』を初見とするが、のみならず、この語を含む記事もまた前漢代では『史記』に限られているようである。しかし、それらの記事は必ずしも黄老の主義主張を鮮明にするものではない。

たとえば、漢朝の成立して間もない恵帝の元年、斉国の相に任ぜられた曹参は、斉地に住む蓋公なる人物の提言を容れ、黄老の術によって統治したところ、九年にわたる在任中斉国は無事に治まり、参は賢相と称せられたという（曹相国世家）。いうまでもなく漢初黄老の流行を示す発端となる所伝である。ところがそれを思わせる徴証は、蓋公の言葉に「治道は清静を貴びて民は自ら定まる」とあるにすぎず、これでは『老子』にいう「我れ無為にして民自らに化し、我れ静を好みて民自ら正し」（五十七章）の繰り返しであって、いわゆる道家とは異なる黄老の特色は見えてこない。また文帝の皇后で次の景帝から武帝の初年まで権勢を振るった竇太后が黄老を好み、そのために屢々儒者と軋轢を起こしていたという話（魏其武安侯伝、儒林伝中の轅固生伝など）も有名であるが、ここにも黄老ならではの思想施策を示すような記事は皆無である。わずかに「老荘申韓列伝」が、荘子について「其の要は老子に本づき帰す」と断ずる一方、申不害の場合は「黄老に本づきて刑（形）名を主とす」と、韓非については「刑名法術を喜び、而して其の帰は黄老に本づく」と要説し、法家に関連する道家を特に黄老と称して、老荘流の道家と区別していることに留意される程度なのである。

このようなわけで小論の意図は、そこに黄老の語は見えずとも、「六家要指」こそが『史記』にあって唯一つ黄老の実態を語る資料であることを提示するにある。ただその前にもう少し黄老なるものの概念を明確にするために、「老荘申韓」合伝の意義につき再検討を試みておきたい。

さて司馬遷が、本来は法家の人であるべき申韓二子を、老荘と並べて道家に列しているのはどのような根拠によるものであろうか。申不害については後述するとして、まず韓非についていえば、やはり『韓非子』に主道・揚搉という、老子の影響を強く思わせる二篇のあることに着目してのことであろう。しかし、韓非の書において老子に係わる篇は、それに解老・喩老の二篇を加えても、厖大な全書に比すればほんの僅少部分である。それにも拘らず司馬遷が韓非を黄老の徒と見做して道家に列したのは、彼自身黄老に対して格別な思い入れがあり（九六頁参照）、そこで主道・揚搉二篇の存在を強く意識するとともに、この二篇を韓非の代表的思想と見做したことによる、と解すべきではないか。[2]

従来の黄老研究において、主道・揚搉の二篇を代表的文献と見ることはほぼ定論と思われるが、筆者は以上の経緯に照らしてそれに与するものである。そこでいま二篇によって、黄老の特質を要約すると次のようになろう。

君主たる者、虚静無為を持して自ら事の主とならず、政務の万端は臣下に委ね、ただその成果を督責していればよい。いったい君主が先頭に立てば、臣下は追随のみを事とし、好悪の情を示せば、臣下は迎合のみを事とするようになる。しかし虚静無為を持して臣下の出方を待てば、臣下の方から進言してくる。そこで進言（名）によって相応する官職（事）を与え、さらに事の処し方、つまり実績（形）を点検する。名が形と一致するか否か、両者を突き合わせて調べることを「形名参同」と称するが、この術によって督責していれば、臣下はもてる知能を尽くすようになり、無能不忠の臣は退けられ、君主は労せずして臣下を統御し、国家を安泰に導くことができる。この間における真偽是非の判定は君主の思慮分別に待つのではない、心に虚静を持していれば臣下の動静は自らに察知され、適正に行なわれる。——要するに、理想的君主の在り方を老子のいう得道の聖人、もしくは「道」そのものになぞらえて説き、一方、その君主が人臣を統御し、国家を平治するための術として形名参同を力説する、黄老の特質はこの二点にあるといえよう。

ところで形名参同とは、黄老のみが持つ術ではない。たとえば『韓非子』にあって純粋な法家説である二柄篇は、人臣統御の術として君主による賞罰二権の掌握が必須である旨を説くものであるが、そこには賞罰を公正に実施する方法として、形名参同と同義である形名審合の語が見える。主道・揚搉二篇は、道家の理論を借りてそれを整備したものといえよう。さらに溯れば、その本来は戦国初中期の申不害にあり、それは名実の一致をいう名家の論を借りて人臣統御の術を説くものである。申不害は黄老家ではないが、形名参同なる術の元祖であることは確かであって、思うに司馬遷は形名参同を黄老に固有なものと考えたことから、それを共通項として、申不害を韓非と並べて黄老の思想家とした、ということなのではなかろうか。

一 「六家要指」の本文

「六家要指」はここに紹介するまでもない有名な文であるが、論述の便宜もあるので、ほぼ全文を訓読して掲げておく（中華書局本に拠る）。

『易』の大伝（繋辞伝下）に、天下は致を一にして慮を百にし、帰を同じくして塗を殊にす、と。夫れ陰陽・儒・墨・名・法・道徳は、此れ務めて治を為す者なり。直だ従りて言う所の路を異にし、省不省有るのみ。

〔甲　文〕

嘗つて窃かに**陰陽**の術を観るに、大《はなは》だ祥にして忌諱衆く（吉凶の事に詳細で禁忌が多く)、人をして拘《とら》はれて畏るる所多からしむ。然れども其の四時の大順を序《つい》づるは、失すべからず。
儒者は博にして要寡なく、労して功少なし。是を以て其の事尽くは従い難し。然れども其の君臣父子の礼を序で、夫婦長幼の別を列ぬるは、易うべからざるなり。
墨者は倹にして遵い難し。是を以て其の事偏《あまね》くは循うべからず。然れども其の本を彊くし用を節するは廃すべからざるなり。
法家は厳にして恩少なし。然れども其の君臣上下の分を正すは、改むべからず。
名家は人をして倹にして(論理に検束されて)、善く真を失わしむ。然れども其の名実を正すは察せざるべからず。
道家は人の精神をして専一ならしめ、動を無形に合し、万物を贍足せしむ。其の術為るや、陰陽の大順に因り、儒墨の善を採り、名法の要を撮り、時と遷移し、物に応じて変化す。俗を立て事を施すに、宜しからざる所無く、指約にして操り易く、事少なくして功多し。(一段)
儒者は則ち然らず。以為らく、人主は天下の儀表なり。主倡えて臣和し、主先んじて臣随う。此《かく》の如ければ則ち主労して臣逸す。大道の要に至りては、健(強)羨(欲)を去り、聡明を絀《しりぞ》け、此を釈《す》てて術に任ず。夫れ神大いに用うれば則ち竭《つ》き、形大いに労

すれば則ち敝《つか》る。形神騒動し、天地と長久ならんことを欲するは、聞く所に非ざるなり。（二段）

〔乙　文〕

夫れ**陰陽**には、四時・八位（八卦の位）・十二度（日月の交会する十二次）・二十四節、各々教令有り。之に順う者は昌え、之に逆らう者は死せざれば則ち亡ぶとは、未だ必ずしも然らざるなり。故に「人をして拘せられて畏るる所多からしむ」と曰う。夫れ春生じ、夏長じ、秋収め、冬蔵するは此れ天道の大経なり。順わざれば則ち以て天下の綱紀と為す無し。故に「四時の大順は失うべからず」と曰う。

夫れ**儒者**は六芸を以て法と為す。六芸の経伝は千万を以て数へ、累世其の学に通ずること能わず、当年其の礼を究むること能はず。故に「博にして要寡なく、労して功少なし」と曰う。若し夫れ君臣父子の礼を列ね、夫婦長幼の別を序づるは、百家と雖も易う能わざるなり。

墨家も亦た堯舜の道を尚び、其の徳行を言いて曰く、「堂高三尺、土階三等、……」と。其の死を送るや、桐棺三寸、音を挙ぐるも其の哀を尽くさず。喪礼を教うるに、必ず此れを以て万民の率（律）と為す。天下の法をして此《かく》の若からしむれば、則ち尊卑別無きなり。夫れ世異に時移り、事業必ずしも同じからず。故に「倹にして遵い難し」と曰う。要に「本を彊くし用を節す」と曰うは、則ち人給《た》り家足るの道なり。此れ墨子の長とする所、百家と雖も廃する能わざるなり。

法家は親疎を別たず、貴賤を殊にせず、一に法に断ずれば、則ち親に親しみ尊を尊ぶの恩絶ゆ。以て一時の計を行うべくして、長く用うべからざるなり。故に「厳にして恩少なし」と曰う。主を尊び臣を卑くし、分職を明らかにして相踰越するを得ざらしむるが若きは、百家と雖も改むること能わざるなり。

名家は苛察繳繞、人をして其の意に反することを得ざらしめ、専ら名に決して人の情を失わしむ。故に「人をして倹にして、善く真を失わしむ」と曰う。若し夫れ名を控《ひ》きて実を責め、参伍失わざるは、此れ察せざるべからざるなり。

道家は為すこと無し、又曰く、為さざる無しと。其の実は行い易く、其の辞は知り難し。其の術は虚無を以て本と為し、因循を以て用と為す。成勢無く、常形無し、故に能く万物の情を究む。物の先と為らず、物の後と為らず、故に能く万物の主と為る。法有りて法無く、時に因りて業を為す。度有りて度無く、物に因りて趣舎す。故に曰く「聖人は巧《たく》まず(3)、時に変じて是れ守る」と。〈一段〉

虚とは道の常なり、因とは君の綱なり。群臣並び至り、各々自ら明らかにせしむ。其の実、其の声(名)に中る者は之を端(正)と謂い、実、其の声に中らざる者は之を款

（空）と謂う。款言聴かざれば、姦（邪悪）乃ち生ぜず、賢不肖自ずから分かれ、白黒乃ち形《あらは》る。用いんと欲する所に在るのみ、何事か成らざらん。乃ち大道に合し、混混冥冥たり。天下に光耀し、復た無名に反る。〈二段〉

凡そ人の生ずる所の者は神なり、託する所の者は形なり。神大いに用うれば則ち竭《つ》き、形大いに労すれば則ち敝《つか》れ、形神離るれば則ち死す。死する者は復た生くべからず、故に聖人は之を重んず。是に由りて之を観れば、神は生の本なり、形は生の具なり。先ず其の神を定めずして、我は以て天下を治むる有らんと曰う。何に由るか。〈三段〉

「六家要指」は、まず「六家はひとしく天下の平治を標榜するものであるが、ただ路を異にするために思慮の加え方に差がある」という趣旨の序文があり、続いてはほぼ論旨を同じくする二つの文から成る。今それを甲文・乙文と呼ぶこととするが、甲乙とも、まず五家それぞれの短所と長所とを述べ、それを承けて五家の長を含み唯一的存在である道家の美を論ずる、という趣向である。なお長文にわたる甲乙の道家論には、便宜上段落を付した。

二文を較べると、五家の短所を説くのに甲は簡略抽象的であるが、乙ではそれを、かなり具体的に解説するものとなっている。一方道家に関する論は、末尾の養生を説く部分に共通する文が見えるなど、二文の間における詳略の別は必ずしも明白ではない。ただ甲が五家の存在に配慮しつつ道家の優位に言及する形であるのに対して、乙はそれを既定のこととして、もっぱら道家の長を詳論するものとなっている。この点からすると、やはり基本的には詳略の関係にあるといえよう。

同じ司馬談の作という「六家要指」に、ほぼ論旨を同じくする甲乙二文のあることは一見奇異にも思われるが、そうかといって甲は談の作、乙は後学の解説、といった関係は考え難い。並存する二文はむしろ両者相俟って、五家の欠陥を厳しく指摘する一方、その長とする所は採って、唯一完全無欠である道家の美を宣伝する文となっており、その意味で甲乙の分説は絶妙な配慮と称すべきであろう。

二　「六家要指」の思想

1　黄老思想としての道家論

単刀直入、まず甲乙の道家論に注目したい。

甲一段の冒頭にいう「道家は人の精神をして専一ならしめ、動を無形に合し、万物を贍足せしむ」は、一見したところ純粋な道家論を思わせる表現である。しかし二段に「儒者は則ち然らず、以為らく、人主は天下の儀表なり……」とあることからすれば、ここにいう道家の対象は君主であり、「人」はもっぱら君主を想定するとみなければならない。つまり「道家は、君主の心を虚静無為の境地に専一ならしめ、行動は「道」そのままに迹を残さないが、それでいて万物（実質は万民、以下同じ）を満足させる」とでも解すべきであろう。そして、それに続く「其の術為るや」以下は、その君主の施政のさまを述べて、五家の長を含みつつ自在無碍である道家の美を説いているのである。

甲二段は儒家への論難に始まるが、論難の内容は明らかに、君主は無為・安逸、臣下は有為・煩労、という黄老の図式に反することにある。とすれば「此れを釈《す》てて術に任ず」の術とは、形名参同による人臣統御を指すと解されるが、この点の確認にはさらに乙文を俟たねばならない。なお、以下にいう養生の論については、甲乙を合して次項に述べる。

次に乙文についていう。乙の一段も、首句の「道家は為すこと無し、……」を始めとして、概して一般的な道家論を思わせる表現が続く。「虚無を以て本と為し、因循を以て用と為す」も、これだけについていえば、やはり一般的な道家の信条を述べるかに思われよう。しかし留意すべきは、この句が二段全文の骨子となる「虚とは道の常なり、因とは君の綱なり」を導くための伏線と考えられることであって、とすれば乙一段のすべては、実は得道の君主を念頭におく文なのである。砕いていえば、次のようになろう。

道家に立つ君主は何もしないが、それでいて成し遂げぬこととてない。これを実行することは容易だが、さて言葉で説くとなると難しい。要するにそのやり方は、自らは虚無を持することを本旨とし、［臣下の力に］因り循うことを施策とするものである。これぞと定めた方向や態度を持たず［自在に対処する］、そこでよく万物（万民）の状況がわかる。民の先頭に立つことはないが、後れることもない［常に民とともにある］、そこで万民の主為り得る。法度はあっても、法度に執われることなく、時宜によって施行し、相手に応じて取捨する。そこで「聖人は技巧を弄すること無く、時の変化に順応する」といわれる。

ここで「法有りて法無く、……度有りて度無く、……」の解釈について補足しておこう。いったい黄老における君主が得道の聖人を彷彿させる存在であるとすれば、依拠する所は「道」であって、法ではない。その意味でこの句が法度の無視・超越をいうことは確かであろう。ただ、もともと法家に係わる思想であり、現実的な統治思想である黄老として、法を無視することはできない相談である。こうした見地から、ここでは得道の君主における、法度への自在な対処のしかたを述べるものと解した。(4) また「先と為らず、後と為らず」とある句は、単にとらわれのないさまをいうとも考えられるが、「万物の主と為る」に続くことから推して一応上記のように解した。いずれにせよ、聖人はその身を後にすることによって民の先となる、という老子の発想と異なることに留意される。

さて、乙二段にいう「虚とは道の常なり、因とは君の綱なり」は、上述したように一段の「虚無・因循」の句を承けるものであるが、さらに後続の文から推すと、まさしく黄老の眼目を述べる趣意である。直訳すれば「[君主の持する]虚無とは「道」の常なる在り方であり、[臣下の力に]因り循うことは君主の執るべき大綱である」となろう。要するに理想的な君主は、「道」を体して心は虚静を持し、[自らは事の主とならず]もっぱら臣下の力に頼ることを旨とする、ということである。そして、以下にその方途を大要次のように述べるが、それは他でもない、いわゆる形名参同の趣意なのである。

並び至る群臣に対して、各自にもてる才能を表明させる。その実績がその名(各自の表明)に当る場合は、これを端(正)言とみなし、その名に当らない場合は、これを款(空)言とみなす。君主が款言を聴き入れなければ、邪悪の事は起らず、また賢不肖の別も自ずと知られ、事の白黒も明かとなる。要は君主がその術を用いようとするか否かにあり、[用いた君主は]何事とて成し遂げぬことがあろうか。かくて君主の心は大道に合し、混混冥冥として捉え所もないが、その徳は天下に輝き、また無名の根源に帰ってゆく。

重ねていうが、上文は虚無を体し、因循を事とする君主の統治のさまを解説する趣旨である。要するにそれは、虚無・因循による統治が、まず形名参同の術によって実現するものであることを述べ、次にその術を用いる君主は自らにして大道に合致し、功徳を天下に輝かすことになる、というのである。黄老の特質は、ここに最も端的に示されているといえよう。因みに道法を折衷する黄老は、これを道家的法家ともいえるが、また法家的道家とも称し得よう。『韓非子』の二篇が前者とすれば、「六家要指」は後者に当ろうか。両者の論調にこの程度の差異のあることは否めないとしても、君主の虚静無為と形名参同による督責という二つの柱は一致している。「六家要指」にいう道家が黄老を内容とすることは、まさに明白であろう。ただ末尾に養生の論の見えること、これは「六家要指」だけの特色であって、次には問題として残しておいたそれについて一言しておこう。

2　黄老と養生説

道家論の甲乙は、ひとしく養生に関する文によって結ばれている。論説の流れからすると、やや唐突の感すらあるこの事実は、いったいどう考えたらよいのであろうか。

因みに戦国最末期の著である『呂氏春秋』の季春紀先己篇に、殷の湯王が伊尹に向かって天下統治の法を問うと、伊尹は大要次のように答えた、という趣意の文が見える。

天下は治めようとして治まるものではありません。天下を治めるには、まず身を治めることが大切です。治身の道とは、精気の浪費を慎み、新陳代謝を盛んにして一身の気血を新鮮に保つ、等々につとめること。かくて天寿に達すれば、その人を真人と申します。古の聖王は、まず治身の道を全うして、治天下を成就しました。

以上は、当時流行していた養生家の帝王論である。[5] いったい儒家では、修身（道徳的修養）を最高度に積んだ人を聖人と称し、その聖人こそ天下の王たるに相応しいとするが、養生家は、儒家の修身に相当するものとして治身（養生）をいい、また聖人に相当する人格を真人と称したのである。つまり天下に王たるの資格は、養生の道を最高度に達成することにあり、別言すれば偉大なる帝王は不老長寿だということになる。

思うに黄老は、こうした養生家の説を吸収して、自説のさらなる強化を計った、ということなのではなかろうか。つまり虚無・因循を旨として形神を労することのない君主は、それゆえに不老長生を期待し得るが、一方、不老長生を得ることは君主の偉大さの証明ともなる。君主たる者、そのためにも形神を労してはならない（儒家の論はこれに反する）、という次第になるのである。

さて、黄老思想に養生説が係わっていることの意味については、改めて稿を設けることとし、ここでは臆説を呈するにとどめる。ただ一言付け加えておきたいのは、武帝の初年を境に政治社会からは後退した黄老が、後漢代に入って神仙黄老として流行すること、それは政治的黄老が側面としてもっていた養生思想の展開であろう、と考えられることである。もし然りとすれば、黄老と養生思想との係わりをかくも明白に説く「六家要指」は、その意味でも貴重な資料と称すべきである。

3　五家についての論説

まず留意されるのは、儒家の長として甲乙ともに「君臣父子の礼、夫婦長幼の別を秩序づける」ことを挙げ、一方、法家の短として乙に「親親尊尊の恩愛の情の絶やす」点を指摘していることである。これは本来の道家が儒家のいう礼や別に対して批判的であったこと、『韓非子』に忠と孝との両立を否定して孝を斥ける論まであることなどを念頭にして、黄老は家族間の人倫を決して無視するものでないことを、ことさらに強調したのであろう。

とはいえ黄老の主意は、やはり君権の強化と君臣の別を説くにある。そもそも君主を得道の聖人になぞらえる発想が君主の神秘化にあることは否定し難いところであり、法家の長として、甲乙ともに君尊臣卑を明らかにすることを挙げ、墨家の短として乙文に「尊卑の別が無くなる」ことをいうのは、いずれもその趣旨である。また法家の長として、乙に「分職を明らかにす」とあり、名家の長として甲乙とも「名実を正す」ことを挙げるが、さらに乙文がそれを咀嚼して「名を控《ひ》きて実を責め、参伍失わざらしむ〈名〈言葉〉を楯にとって、その実が言葉通りであるか否かを正し、混乱が起こらぬようにする)」とあるのは、形名参同の趣意に沿うからであろう。

五家に対する論評には、今日からみても肯綮に当るところが多々あり、まさに司馬談の見識のほどを示す名文であることは確かであろう。しかし事実として、黄老の思想や政策が、ここにいうように五家の長を採ることによって形成されたとは思われない。たとえば、陰陽家について甲乙とも「四時の大順を序づる」ことを長とするが、その解説として乙にいう春生・夏長・秋収・冬蔵のことは、陰陽家を待つまでもなく、重農主義に立つ当時の為政者にとってむしろ一般的な政策であったろう。また墨家の長として「彊本節用」の主張を挙げるが、同じ句が『荀子』天論篇に見えるように、これも一墨家のみの主張とは称し難いようである。また黄老のいう形名参同が名家の名実論に端を発することは確かであろうが、それは間接的な係わりに過ぎないのではないか。

要するに五家の短長を説く論説は、短を指摘することによって、道家(実は黄老)の美をさらに宣揚する効果を挙げている、とはいえよう。しかし、五家の長を採るという主張は、いささか形式論に堕しているようである。顧みれば老子の道は、百家の道を内に包んで渾然として一であることを誇号するものである。五家の長を採るという司馬談の論は、まずその伝統を承けることに意味があったのではないか。しかしさらに考えると、「六家要指」の述作された当時の状況に於て、ことさらに道家を宣揚するためには、このような形式をとらざるを得ない事情があったようにも思われる。その点については、次節で述べることとしたい。

三　「六家要指」述作の事情

「六家要指」を記すに先立って司馬遷は、まず父談の学問と述作の動機について次のようにいう。

太史公（司馬談）、天官を唐都に学び、易を楊何に受け、道論を黄子に習う。太史公、建元・元封の間に仕え、学ぶ者の其の意に達せずして師に悖《まど》うことを愍れむ。乃ち六家の要指を論じて曰く、……

まず談が「道論を習った」という黄子なる人物についていうと、「集解」の引く徐広説に「儒林伝に黄生と曰う、黄老の術を好む」と見える。つまり談の師である黄子は、すでに黄老に属する人物なのであって、とすれば司馬談が黄老の徒であることは、或は当初から自明の理であった、と称すべきかも知れない。

因みに史漢の「儒林伝」は、斉人で「詩」を治めたという轅固生と黄生（黄子）とが、景帝の前で論争したことを記している。その論争は、黄生が「湯武は受命に非ず、弑なり」と主張したことに端を発するが、これに対して儒者である轅固生は孟子流の放伐革命論によって反駁する。そこで黄生が「湯武はたとえ聖智の人であるとしても当時は桀紂の臣であって、とすれば桀紂の非を諫めるのが臣道である。しかるにその非に乗じてこれを伐ったのは、君主を弑して王位を簒奪したものにほかならない」と述べたという。「湯武は受命に非ず、弑なり」とする論議は『韓非子』の忠孝篇・説疑篇等に頻出しており、法家の常套的な論議であったと思われるが、その論議は、当然のこととして君臣の分を強調する黄老に継承されていたのであろう。そして、司馬談が黄子に学んだのは景帝の時、つまりまだ黄老の盛行していた時期であることが、ここに留意されるわけである。

次に司馬談が仕えたという「建元・元封の間」について。ここに建元とは言うまでもなく武帝即位の年号、元年は前一四〇年に当たる。また五年（前一三六）は、漢朝が初めて五経博士を置いたと伝えられる年である。その後年号は、元光、元朔、元狩、元鼎と改められて元封元年（前一一〇）に至るが、この年に武帝は封禅の儀を行う。ところが司馬談は、太史公の職にありながらこの盛儀に参加できず、それを痛恨事とした談は、憤慨の余り死去したという。「自序」はこの間の事情を「周南（洛陽）に留滞して、従事に与るを得ず、故に発憤して死す」と述べるにとどまるが、憤死の理由としてはいささか薄弱である。おそらくは

「儒林伝」に「今上即位するに及び、趙綰・王臧の属儒学を明かにす。而して上も亦た之に郷《むか》う。……竇太后崩ずるに及び、武安侯田蚡丞相と為り、黄老、刑名百家の言を絀《しりぞ》けて、文学儒者数百人を延く。……」とあるような情勢から、黄老の信奉者であった司馬談は封禅の盛儀から遠ざけられた、という次第なのであろう。

ともあれ司馬談は、建元・元封の間の約三十年にわたって太史公の職にあり、その間「世の学ぶ者が学問の真意を理解できず、いたずらに師説に惑っている状況を遺憾に思った。そこで六家要指を作成した」という。もう少し敷衍すると次のようになろう。——景帝の時まで盛行していた黄老は、武帝時に至って俄かに退けられ、上述したように文学儒者が重んじられるようになった。世は滔々として儒家に赴くが、さてその学はといえば「いたずらに博大であって一向に要領を得ず、苦労ばかり多くて得るものは少ない」。ところが世人にはこうした実態がわからない、そこで儒家の美をいう師説に惑わされることになると。

「六家要指」は、以上のような世相を睨みつつ、かたくなに黄老の孤塁を守っていた司馬談の発した警世の文であった。五家といっても、司馬談の眼中にあったのは当然のこととして儒家である。儒家の短として経典の厖大と儀礼の煩瑣を指摘しつつ、漢代では既に社会的常識であったと思われる家族倫理をあえて儒家の長として特筆しているのは、黄老に代わって中心的思想学術となりつつあった儒家の存在を意識してのことであったろう。

一方、司馬遷がこうした内容をもつ「六家要指」を延々と「自序」に載せるについて、父談に対する敬慕の念に出る点のあったことは確かであろう。しかし彼自身も、またひそかに黄老に好意を寄せていた事情も当然加味されなければならない。それは歴然と法家である申韓二子を、あえて黄老の徒として道家に列している事実からも知られよう。

さて、黄老についてはなお論ずべきことは多々あるが、表題として掲げた限りではほぼ述べ得たと思うので、他日の再論を期して小論を結ぶこととする。

注

(1) もちろん管見の及ぶ範囲は限られているが、いま黄老についての詳論を含む木村英一『老子の新研究』(一九五九年、創文社刊)、金谷治『秦漢思想研究』(一九六〇年、日本学術振興会刊)、専論である浅野裕一『黄老道の成立と展開』(一九九二年、創文社刊)、この三書に言及のないことは確かである。なお小論脱稿の後、早大助教授森田利亜氏から"Harold Roth:who Compild the Chuang Tzu, H.Rosemont, Jr.ed. *Chinese Texts and Philososhical Contexts, 1991*"に「六家要旨」への言及があり、文中の道家を黄老説としている旨の教示に接した。本論は黄老を、道家を中心に諸家を折衷する立場の称呼としているらしく、もっぱら法家との折衷をいう一般論とは異なるようである。

（2）従来は黄老思想の発生を漢代とすることから、主道・揚搉の二篇は韓非後学の手になると解するのが通説であった。が、近年は戦国末とする見解を生じ、連動して二篇もまた韓非の自作とする説も出てきた。すなわち、帛書『老子』乙本の巻首に付載されていた「経法」「十六経」「称」「道原」四種の写本が、調査に従事した学者によって黄老の佚文——『漢書』芸文志道家の条に見え、漢代以後に散佚した一連の「黄帝書」の佚文——であろうと推定され、しかもその成書年代は戦国末に溯る可能性も指摘されてきたのである。しかし前漢代における黄老を論ずる小論では、始源のことは不問に付しておく。なお孟荀列伝に、斉の稷家思想家、慎到・田駢・環淵について「皆黄老道徳の術を学ぶ」とあるが、これは漢代に伝わる仮託の書について生じた説であって、戦国中期に溯ることを意味するものではない。

（3）「不巧」の原文は「不朽」、『漢書』司馬遷伝により改めた。王念孫はいう、「史記の原文はおそらく「巧」であった。後人は下句の「守」と韻が合わないとして「朽」に妄改したのであろうが、それは古読では巧と守が同韻であることを知らないのだ」と。

（4）注（2）にいう『経法』道法篇は「道、法を生ず」の句に始まり、道と法との関係を論じている。もちろん道の優位を説くが、しかし法を無視するものではないことに留意される。

（5）拙稿「養生家の帝王観」（『斯文』一〇四号、一九九六年、斯文会刊）を参照。

第四章　孟子と老子
――大国・小国の論をめぐって

はじめに

大国と小国との交わり方を説く趣旨の文が、『孟子』梁恵王下と『老子』六十一章とに見えるが、一部の先学も指摘するように両者の発想には頗る類似するところがあり、それは『老子』の著者（以後は便宜上、老子と称する）が、『孟子』によって模作したものと考えられる。小論は、まずこの点を明らかにするとともに、さらにその背景となる孟老二子の思想的脈絡を探ることを意図するものである。まず問題の一章を、『孟子』と『老子』のそれぞれについて、検討することから始める。

一　『孟子』の場合

『孟子』梁恵王下に、斉の宣王が「隣国と交わるに道有るか」と問うことに始まる一章がある。孟子は「有り」と答え、続いて次のように述べたというが、小論の問題とするのはその部分である。

惟だ仁者のみ能く大を以て小に事うることを為す。是の故に湯は葛に事え、文王は昆夷に事えたり。

惟だ智者のみ能く小を以て大に事うることを為す。是の故に大王は獯鬻《くんいく》に事え、句践は呉に事えたり。

大を以て小に事うる者は、天を楽しむ者なり。小を以て大に事うる者は、天を畏るる者なり。

天を楽しむ者は天下を保ち、天を畏るる者は其の国を保つ。

上文の論旨は一読して明らかなように、次表に示す二系によって構成されている。

仁者——以大（大国）事小（小国）——楽天者——保天下

智者——以小（小国）事大（大国）——畏天者——保其国

小論もそれに従って二系を分かち、まず「以大事小」について考察を加えることとしたい。

孟子によれば「以大事小」とは、「仁者」だけに可能な所為であり、それは「楽天」の境地にほかならず、また「保天下」への道である。ここに天を楽しむとは、その心が労せずして天の意にかなうさまをいうのであろうか。ともあれ「以大事小」ということが、『孟子』にいわゆる王道政治論の一環をなすものであることは明白である。しかし、当面の問答に即していうと、「保天下」にまで言及することは孟子一流の誇張であって、当時における大国斉の宣王の問に答える言葉として、回答の要が、小国に事えよ、という一点にあることは確かであろう。

さて、それならば大国が小国に事えるとは、具体的にどのようなことをいうのであろうか。いま示されている実例によると、湯と葛国、文王と昆夷、との関係がそれに当るという。因みに湯と葛国とのことは、同じ『孟子』の滕文公下篇に見える。やや長文にわたるが、論旨に係わることであるので、次に大要を記しておこう。

湯がまだ一諸侯であった時、亳都の隣りに葛国があり、葛伯が治めていた。ところが葛伯は無道の人で、諸神への祭祀を一切しない。見兼ねた湯が、使者をやって意見すると、犠牲に供する動物が無いという。そこで湯が牛羊を贈ると、葛伯はそれを食べてしまい、相変わらず祭祀する気が無い。湯が重ねて意見すると、今度は供える穀物が無いという。湯は亳の民を葛に派遣して耕作させ、また老人子供に酒食を運ばせた。ところが葛伯は、その子供を殺して酒食を奪った。かくて堪忍袋の緒が切れた湯は葛国を討伐したが、天下は正義のための戦いであると称賛した。

一方、次の「文王事昆夷」のことは、実はよくわからない。趙注・朱注ともに、典拠として『詩』大雅の「緜篇」を引くが、そこでは文王の徳に昆夷が服従するに至ったことを記すだけで、特に事えたという趣旨の句は見当らないのである。逆に『詩』の注釈家は『孟子』に拠って、それに先行する句にその意を見出そうとするが、いずれも牽強に過ぎて納得し難い。思うに孟子の説は『詩』とは関係のない別の伝承に拠るのであろうか。

ともあれ「以大事小」とは、葛伯に対する湯の態度を模範としていることから推すと、何よりも大国の隠忍自重を強く求めるもののようである。大国たるもの、権勢を笠に着て小国を圧殺するようなことは絶対にしない。むしろ小国のおかれた立ち場に同情し、小国が小国なりの志を遂げるように助力する、かくてこそ小国のおのずからなる帰服を得ることができる。それが天下に王たるの道である。――孟子のいう「以大事小」とは、ほぼこのような趣意をいうのであろう。

かくてこれを要するに、「以大事小」とは、宣王の問に乗じて、孟子が得意とする王道政治論を展開したまでのものである。ただ王に対する要請を、現実には有り得ない「事小」という言葉で表現したことには、十分に計算された意図があった、と解すべきであろう。もちろん、この句は「以小事大」に対応するものであるとしても、むしろそれは、大国の抑制を促すための衝撃的表現であった、と考えられるからである。

次に「以小事大」について一言しておこう。いったい大国に事えるということは、小国の立ち場からする已むを得ない措置であって、一見したところ、ことさらに論ずるまでもない当然のことと思われるかも知れない。しかし孟子の当時にあって、小国が大国のいずれかに従属してその国を保つことは、必ずしも容易なことではなかったようである。たとえば、同じく「梁恵王下」に、小国滕の文公が、大国である斉・楚の間にはさまれて、国を保つためにはいずれに事えたらよいか、孟子に尋ねるという趣旨の章があり、またそれに続く別章に、やはり滕の文公が「滕は小国なり。力を竭して以て大国に事うるも、則ち［圧迫を］免るるを得ず。之を如何せば則ち可ならんか」と問うたことを記している。このように、小国がいずれかの大国の傘下に入ることによって、ともかくもその国を存続させることは至難の業なのであって、さればこそ、それは智者の事ともされたのであろう。

ところで、「以小事大」の実例として挙げられている「大王事獯鬻」のことは、実は上掲の滕文公の問に対し、孟子が答えた言葉の中に見えるものであって、その大要は次の通りである。

初め大王（周祖古公亶父）が邠《ひん》に居住していた時、近隣に狄人（獯鬻をさす）の国があり、強大な兵力を以て大王を威し、毛皮・絹織物、犬馬の家畜、宝玉類と、次々に財産の提供を求めてきた。大王はその都度要求のままに与えてきたが、結局狄人の求めるものは邠の地であることを知る。かくて大王は、「君子は其の人を養う所以の者、つまり領土のために争って民を害することはしないものだ」との言葉を残して、ひとり邠を去ろうとした。感激した民は挙って大王に従い、ともに力を合わせて岐山のふもとに新都を建てた。

＊文公に対する孟子の答えは、実は、危難に臨んで大王のようにひとり国を去るのも一方だが、祖先以来の国土を死守するのも一方、その選択は文公の心次第ということであって、本章に即していうと、必ずしも古公の流儀のみを是とするものではない。

以上の故事が「以小事大」の実例とされた意味は、大王が相対的に大国である獯鬻に対し、屈辱をものともせず、絶対に逆らわないことによって、周国と人民の安全を維持した点にあるのであろう。もう一つの実例は、会稽の戦に敗れた越王句践が、身は呉国の臣となり、妻は妾となって和を請い、辛くも滅亡を免れたという有名な故事であるが、これまた同様の趣旨であることはいうまでもない。

戦国の世にあって小国の生きる道は厳しい。小国のおかれた運命を甘受して無抵抗に徹すること、それが「天を畏れる」ことであるが、それでもなお、大国の気息を窺って八方に気を配り、一挙一動にも慎重を期さなければならない。その意味では「智者の事」なのである。

二　『老子』の場合

『老子』六十一章の読解には、多少の異論もあろうかと思われるので、まず原文・訓読文を記し、次に一応の拙訳を示しておこう。

大国者下流、天下之交、天下之牝、牝常以静勝牡、以静為下。（大国は下流、天下の交なり、天下の牝《ひん》なり。牝は常に静を以て牡《ぼ》に勝つ。静を以て下るを為せばなり。）

故大国以下小国、則取小国、小国以下大国、則取於*大国、故或下以取、或下以而取。（故に大国以て小国に下れば、則ち小国を取る。小国以て大国に下れば、則ち大国に取らる。故に或は下りて以て取り、或は下りて以て取らる。）

*第四句中の「於」は、諸本にはなく、帛書によって補った。第二句の「取」は能動であるが、第四句の「取」は受動であることから推して、「於」のあるのが正しいと思われる。

大国不過欲兼蓄人、小国不過欲入事人。夫両者各得其所欲、大者宜為下。（大国は人を兼ね蓄《やしな》わんと欲するに過ぎず、小国は入りて人に事えんと欲するに過ぎず。夫れ両者、各々其の欲する所を得んとせば、大なる者宜しく下ることを為すべし。）

大国は河にたとえていえば下流のようなもの、天下の水（諸々の小国）の集まり交わる場所であり、いわば天下の慕い寄る牝にたとえられる。牝（下流）は常に静を持することによって、喧騒な牡（上流）に勝つ。静を持して下にいるからである。

それゆえ大国は小国に下れば（謙虚であれば）、小国を従属させることができる。小国は大国に下れば（従順であれば）、大国に受け入れてもらえる。つまり大国は下ることによって小国を取り込み、小国は下ることによって大国に受容されるわけだ。

結局のところ、大国は小国の民を合せ養いたいと思い、小国は大国の傘下に入って事えたいと思う、それだけのことであるが、両者それぞれに望むことを遂げようとするならば、まず大国から下るべきであろう。

さて、三十二章に「道の天下に在るを譬うれば、猶お川谷の江海に於けることがごとし」とあるが、これは大河や海が低所にあるがゆえに、天下の水を悉く集めるさまを譬えとして、「道」の謙虚さと包容性を述べるものである。また六十六章の句首に「江海の能く百谷の王と為る所以は、其の善く之に下るを以てなり」とあるが、これは「大河や海が百川の水を集めて如何にも帝王然としていられるのは、低い所に位置しているからだ」ということであって、要するに帝王のへりくだり、柔弱謙下こそが天下統一の秘訣であるとする主張である。

このように『老子』には、下流に当る江海を帝王になぞらえて、権力を恃みとする世の為政者への戒めとする文が頻出しているが、本章はその下流と上流を、特に大国と小国の関係になぞらえて説くものである。ここにいう大国は、「道」・帝王を意味する「天下之牝」と称せられていることからすると、延長上において天下に王となるべき旨を含みとするかにも思われるが、論旨の全般からするとそのようではない。あくまでも大国小国の錯綜する戦国の現実に即して、それぞれの在り方、交わり方を述べたものと見るべきであろう。この点『孟子』の「以大事小」が「保天下」への途とされてはいても、実際には戦国の世における大国小国の論であったのと同様である。

ここに留意されるのは、「大国以下小国」「小国以下大国」の論が、明かに『孟子』のいう「以大事小」「以小事大」に対応しており、ただ「事」を「下」の字に置きかえただけであるように考えられることである。両者の論説にはやや明瞭を欠く部分もあって、後述するように特に『老子』甚だしいようである。しかし、ともあれ両者のいわんとする趣意が、大国・小国相互の、事え合い、下り合いを説いて、それによって平和の実現を期待するものであることは確かであろう。論旨に明瞭を欠く部分のあるのは、対称的に字配りされた構文の然らしめるところであって、むしろ、こうした点にこそ両者の繋がりが看取されるのではなかろうか。また両者の論は、大国・小国双方への要請という形を取りながらも、眼目は大国に対してそれを強く求めることにあり、その発想は完全に一致しているといえよう。

ところで、いま両者の影響関係が容認されたとなると、次にはその先後ということが問題となるが、この点について現今の学界は、『孟子』が先行すると見ることで一致しているものと考えられる。因みに『老子』に「大道廃れて仁義有り」（十八章）という儒家批判の言葉が見えるが、いうまでもなく、仁義を連称することは『論語』にはなく、『孟子』に始まるものである。このことを根拠として、『老子』は『孟子』より後出であろうと見ることが、早く江戸末期の儒者斎藤拙堂（『老子弁』其五）や津田左右吉博士（『道家の思想と其の展開』第一篇の一章）によって提唱されてきた。また、この点を別としても、『老子』には戦国末に近いころの思想が含まれており、その成立はおそらく前三百年を溯ることはなかろう、というのが現在における大方の見解である。『老子』の思想を、前四世紀後半の人である孟子に後れると見ることには、もはや問題がないといってよいであろう。そして、このことは六十一章の文を検討することによって、さらに明かとなるようである。[注]

上述したように『孟子』の場合、「以大事小」が文字通りの意味としては解し難いものであったが、しかし、それは孟子の持論に照して忖度することが可能である。一方『老子』の場合、「大国以下小国、則取小国」は、首句の「大国下流」と一致するものであり、もともと『老子』に常套的な表現であるだけに了解しやすい。難渋をきわめるのは「小国以下大国、則取於大国」の句である。まず「取於大国」の意味も問題であるが、ともあれ、それが小国の利益をいっていることだけは知られよう。まったく解し難いのは「小国以下大国」であって、もともと大国に下ることを余儀なくされる小国にとって、特に「取於大国」という利益をもたらすための下り方とは、具体的にどういうことを想定しているのであろうか。さきに示した口語訳は、本章の全般をふまえて一応の解釈を施したということであって、原文に即するものではない。何よりもここにいう「下」が、首句の「大国下流」とは関係のない、一般的意味での「下」となっていることに留意すべきであろう。

要するに両者の文を比べて、『老子』のそれには構文の無理が目立つのである。それというのも、『孟子』を下敷きにしながら、それを老子流に焼きなおしたためであって、対称的な用語に制約されての不自然な表現は『孟子』の場合にも見られたが、『老子』の場合、その制約がさらに倍加することとなって、このような結果を招くこととなったのではなかろうか。

さて、これまで六十一章の文が『孟子』の模作であることを述べてきた。いま上来の論旨が容認されるとすれば、つまり『老子』には『孟子』を模作した文まであるということになれば、両者の関係については、さらに広範な視野に立っての考察が必要であると思われる。このような観点から、次には六十六章を中心に、王道政治思想と無為の治との関係について検討を試みることにしたい。

三　無為の治と王道政治

『老子』のいう無為の治は、端的には「無為を為せば治まらざること無し」(三章)、「故に聖人云う、我れ無為にして民自ずから化し、……我れ無事にして民自ずから富む」(五十七章)等によって示される。しかしそれならば、無為の治とは、いったいどのような政治をいうのか、また為政者にどのような態度を求めるものであろうか。この点になると『老子』の言葉はさまざまである。

たとえば六十章の首にいう「大国を治むるは、小鮮を烹るが若し」は、放任無干渉を旨とする政治論として有名であるが、五十七章の「天下に忌諱多くして民弥々貧しく、……法令滋々彰れて盗賊多くあり」は、それを禁令法令の簡素化として説くものであり、十七章首の「大上は下、之れ有るを知るのみ」は、無干渉のゆえに治政のさまを民に知られることのない天子を理想とする論である。一方、「賢を尚ばざれば民をして争わざらしむ」に始まる三章は、民を無知無欲の状態におくことを旨とし、賢者を政治の場から排除すべきことを説くものであるが、さらに「古の善く道を為むる者は、以て民を明かにするに非ず将に以て之を愚にせんとす」に始まる六十五章になると、解釈の仕方で愚民政治を標榜するかにも受け取られる論ともなっているのである。

このように一口に無為の治といっても、その解くところは多様であるが、ここに留意したいのは、前節に少しく言及した六十六章の文である。

江海所以能為百谷王者、以其善下之、故能為百谷王。（江海の能く百谷の王と為る所以は、其の善く之に下るを以てなり。故に能く百谷の王と為る。）

是以欲上民、必以言下之、欲先民、必以身後之。（是を以て、民に上たらんと欲すれば、必ず言を以て之に下る。民に先んぜんと欲すれば、必ず身を以て之に後る。）

是以聖人、処上而民不重、処前而民不害、是以天下楽推而不厭、以其不争、故天下莫能与之争。（是を以て聖人は、上に処りて民重しとせず、前に処りて民害とせず。是を以て、天下は推すを楽《ねが》いて厭かず。其の争わざるを以て、故に天下能く之と争うもの莫し。）

上述したように第一段は、江海が天下の水を集めて帝王然としていられるのは下流に位置しているからだ、と説くものであり、第二段は、それを承けて為政者は、民に対してその言葉を謙虚にし、また民の後となるように努めよ、そうすることによって、かえって民の上に立ち、民の先頭に立つことが可能となるというのである。

問題は第三段である。まず二段にいう要請を充たした為政者は、既に天下を治める帝王に当るとして、ここでは聖人（聖王の意）と呼ばれているが、さてその聖人は、上にあっても民は重圧を感ぜず、前にいても民はうっとうしくない、というような為政者である。そして、このような為政者に対しては、天下はこれを歓迎し、いつまでも天子に推戴して厭きることがない、つまり安泰の王位を持続できるのだ、というのである。なお末尾は、不争による永遠の勝利をいう。争って勝つ者はやがて敗者に転ずる。しかし不争による勝者は、不争の故に負れるはずのない勝者だ、ということである。

六十六章の論旨は、要するに為政者のへりくだりこそが、天下に王となる道であることを説くものである。つまり、為政者が柔弱謙下を持して民に臨むこと、それが無為の治である、とされているわけになろう。ここにいうまでもなく、柔弱謙下とは無為の「道」に適った、人のふるまいである。「道」についての「無為而無不為」という命題は、これを人の行為に適用すると、柔弱謙下を持すれば何事をも成就する、ということになる。柔弱が剛強に勝ち、柔弱謙下を旨とするふるまいが現実的成功を収めるとする類の言葉は、『老子』の随所に見えて、枚挙に遑がないといってよい。

ところが、それを聖人の政治のさまとして説くことは、実は六十六章のほか、八章・二十二章を数えるにすぎない。しかも、六十六章の場合、柔弱謙下を旨とする聖人が、そのゆえに民の推戴を得て安泰の王位を確保する、とまで述べられているのである。因みに無為の化を、民の帰服という形で説く例も、ほかにはない。そもそも『老子』のいう聖人は、恍惚として吾人の耳目の外にあるという「道」を身に体した人であり、実は「道」そのものである。「功成り名遂げて、百姓は皆な我れ自ら然りと謂う」（十七章）とあるように、その聖人は、功名を成し遂げながら、そのはたらきを民に知られないところに、聖人たる所以がある。まして民によろこばれたり、支持を得たり、というような存在ではないはずである。

ところで、ここに想起されるのは、仁政による民の帰服を強調する王道政治論である。思うに六十六章の論は、孟子のいう仁政を柔弱謙下の治に置きかえた上で、同じくそれによる民の帰服を説いた、という次第なのではなかろうか。さきに六十一章に関して、その思想が本章に繋がるものであることを述べた。顧みれば、六十一・六十六の二章は、ひとしく『孟子』の影響を多分に蒙って作られたのであり、さればこそ、そこに共通する思想が見出される、と考えられるのである。

『老子』にいう無為の治と『孟子』の説く王道政治とは、その施策や方途を異にすることはいうまでもないとして、しかし、その発想や目的とするところを見ると、意外なほどに接近する点のあることに気が付く。権力を排し武力を斥けた上で、平和裡における天下一統を希求するものであること、それは両者それぞれの抱懐する聖人の徳によって実現すると考えていること、無欲・寡欲を信条とし特に為政者の奢侈を強く戒めていること、等々がそれである。もちろんこれらの共通項は影響関係で論ずべきものではない。ただ老子には、心情的に孟子に共鳴するところがあり、それによって以上のような模作や、影響の迹を残す文が作られたのであろう、と考えられるのである。

天下の統一は為政者の徳によってもたらされると説く『孟子』には、「仁者は敵無し」という類の言葉が頻出しており（公孫丑上・離婁上・尽心下等）、『老子』に「無事を以て天下を取る」（四十八・五十七章）とあるが、孟子にせよ老子にせよ、もちろんそれを文字通りに確信していたと思われない。おそらくは、戦国争乱の世の為政者に対する教訓・要請として誇大に述べたまでのことであろうが、両者の共通項はこの点にも見出し得るようである。特に『老子』四十八章に「天下を取るには無事を以てす。其の事有るに及びてや、以て天下を取るに足らず」とあるのは、『孟子』公孫丑上で四端の拡充を述べる文中に「苟も能く之を充たせば、以て四海を保つに足る。苟も能く充たざれば、以て父母に事うるに足らず」とある文を模したものではなかろうか。『老子』の文は上下二句とも同じ「取天下」のことをいっているわけで、その点きわめて拙劣な文となっているが、それも模作のゆえと解すればわかるような気がするのである。

筆者は近年儒道二家の交渉ということに関心を寄せ、さきに「儒家における無為の思想」なる小考を公表した（拙著『道家思想と道教』平河出版社、一九九二年）。小論もまた同じ関心から認めたものであるが、しかし特に前論に繫がるわけではなく、別個に孟老二子の思想を比べての所感を述べたまでのことである。こうした問題の数々を総括して、いつの日にか大局的見地に立っての推論の試みたく念願するものであるが、ここでは、その一資料として述べるにとどめる。

追記

小論の執筆と前後する一九九三年十二月、湖北省荊門市郭店楚墓から、多数の竹簡が出土し、その中に約二千字の『老子』残簡が含まれていた。その調査報告として、九八年に刊行された『郭店楚墓竹簡』に拠って考察すると、「郭店本老子」の出土は、『老子』の成立に関する従来の通説に対して、根本的な改訂を迫るものである。

まず郭店本には既に孟子の影響が歴然としていることから、その成書年代は、前三百年以降と解されるが、それは現行本にかなり接近しているとともに、先行する原本の存在をも想定させるテキストである。つまり郭店本は、原本と現行本との中間的テキストなのであって、従って原本は孟子と無関係に成立し、郭店本のころに孟子の影響が見え始める、という次第になるわけである。

小論を本書に掲載するに当っては、この点についての補訂を加えるべきかとも思案したが、しかし「老子と孟子」という課題からすれば、そのままで通ずるようにも思われるし、むしろ補訂を加えることによって、肝心の論旨の晦渋となることを恐れて、そのままとした。なお、郭店本の詳細、その出土にともなう通説の訂正、郭店本と孟子との関係、等々については、第二章を参照されたい。

第五章　道教における黄帝と老子

はじめに

『魏書』釈老志の冒頭に「道家の原は老子に出ず。其の自ら言うや、天地に先だって生じ、以て万類に資す。……」とあるように、疑いもなく道教は、神化した老子を開祖とする宗教である。しかし、道教の萌芽期に当たる後漢に溯ると、発祥の母体となったのは当時流行していた神仙黄老、つまり黄帝と老子とを祖として仰ぐ神仙道であって、それは本来として「黄先老後」に立つものであった。ところがその黄老は、後漢末のある時期黄帝を斥け、老子に宇宙神、最高神ともいえる神格を与えて独尊の体制を樹立する。いわば黄老の逆転であって、道教はこのことによって初めて萌芽したといってよい。

上記の「釈老志」に太上老君の尊称が見えるが、それは老子その人を神格化した名称である。別に老子の説く「道」の神格化である太上道君、それをさらに深めた元始天尊（隋代以後における道教の最高神）、いずれも老子系の神といってよい。そして隋唐道教の教理がこの三神を中心に形成されていることは周知の事実である。しかもこの間には、老子が唐朝の祖として仰がれるという事情もあって、元始天尊を中心とする教理の体系はまさに磐石のものとなっていたのである。

ところが宋代に入ると道教界には、にわかに黄帝が抬頭する。真宗の大中祥符五年、太上老君に匹敵する神として登場する趙玄朗は、歴史的には趙宋の遠祖、宗教的には聖祖とされるが、その聖祖趙玄朗は、実は黄帝と一体の神だとされていた。そしてその聖祖は、元始天尊に匹敵する最高神として現れた玉皇と並んで、国家的崇祀を受けることとなったのである。

小論は、このような黄帝と老子との関係に着目して、道教史の一側面を考察するものである。ただ漢代における老子の神化については、すでに筆者に詳論がある。[1] 一方、趙玄朗即ち黄帝降臨の事件については、先人による言及が無いわけではないが、[2] 特に専論と称すべきものはまだ出ていないようである。そこで漢代については、論述の過程として略説するにとどめ、主としては宋代における降臨事件と黄帝崇拝の興起する状況を述べ、さらに、それが隋唐以来の道教に与えた影響に論及する所存である。

一　漢代における黄帝と老子

黄老という言葉は、後世になると殆ど道家と同義に用いられているようであるが、この語の初見である漢代に即していうと、いわゆる道家とは異なる、特殊な道家の称呼であった。まず前漢の黄老は、法家を折衷する政治色濃厚な道家であって、その黄老が、武帝による儒教の国教化に至るまでの時期、中心的な統治思想として盛行していたことは、余りにも有名な史実である。政治世界を去った武帝以後の黄老は、むしろ個人的な養生の道として社会の一隅に生き続けていたものと思われるが、後漢に入ると、当時流行していた神仙道と習合して、ここに後漢の神仙黄老として再生する。(3)

後漢の黄老に関連する人物として知られるのは、光武帝の子で明帝の弟に当る楚王英(?—七一)と、桓帝(一四七—一六七在位)とであるが、留意すべきは両人が、また仏教にも関わりを持っていたことである。すなわち楚王英については「黄老の学を喜び、浮屠の斎戒祭祀を為す」とされ(『後漢書』四二)、桓帝については宮中に黄老と浮屠とを併せ祀ったことが、『後漢書』桓帝紀・祭祀志等々に頻出している。

そもそも伝来当初の仏教は、仏を黄帝老子と並ぶ仙人と宣伝することによって、中国の地に根を下したのであり、両者の関係は、当初は仏教が黄老の祭祀を利用した、ということである。しかし時が経つにつれて、むしろ黄老の側が、宗教儀礼・教義に長じた仏教の影響を蒙るようになるのは必然である。黄老の神仙道は、仏教に促されて漸次宗教化の度を進めて行ったものと考えられるが、その際教組釈迦に匹敵する神として、黄老のいずれかを択ぶとなれば、やはり老子ということになるのであろう。

ところで、老子が最高神としての神格を与えられている形跡は、最も早く辺韶の「老子銘」(『隷釈』三所収)に見える。因みに桓帝は、延熹八年(一六五)、二回にわたって中常侍を苦県に遣し、老子廟の祭祀を行っているが、「老子銘」は、その折りに陳の国相辺韶に命じて作らせた一種の頌徳碑である。その「老子銘」に、極端に老子を崇拝する「世の道を好む者」(以下好道者と記す)の説と、逆に老子を貶める班固の見解(『漢書』古今人表が、老子を「中の上」に配したことをさす)とを並記し、そのいずれをも斥けた上で、辺韶自身の老子観を述べる一節がある。好道者の説とは概略次のようであるが、問題はここにいう老子が、明らかに最高神ともいえる神とされていることである。[4]

世の道を好む者は、『老子』に「浴(谷)神不死、是謂玄牝」(六章)とあることを根拠として、次のようにいう。「老子は混沌の気の凝集であり、日月星の三光とともに永遠である。北斗星に昇降し、天上では三光のはたらきを統御し、青龍白虎等の四霊を従えている。下界では、仙道を成就し、姿形を変えては世を超えて生き続け、伏義・神農以来、歴代聖王の師として化現していた」と。

道教の発端として、後漢末における太平道と、五斗米道との活動を挙げるのが通例であるが、ここにいう好道者の説は、それに先立ち、おそらくそれとは異なる類似集団の老子像を示しているのであろう。言うまでもなく、これらは後漢王朝からすれば反体制的な教匪集団である。一方、『後漢書』祭祀志が、老子の崇祀に関する一連の事跡を「桓帝即位十八年、神仙の事を好む」という書出しで述べているように、桓帝にとっての老子は、仙道の祖たるにとどまるものであり、崇祀の目的は長生を祈願するにあった。桓帝の意を体する辺韶が、好道者の老子観をことさらな形で退けていることには、崇老の趣旨に相違があるとともに、おそらくは教匪集団に対する後漢王朝の立場も潜んでいたのであろう。

好道者集団が老子に与えている神格は、仙道の祖として幾分かは神秘化されていた黄帝を以てしても、到底及び得ない高度のものである。しかも、さらに留意されるのは、老子が歴代聖王の師として化現していた旨の説かれていることであって、それは老子を、黄帝を含む歴代聖王の上に位置させるものである。因みに老子の歴代化現のことは、おくれて六朝以後になると、化現である人物の名を一々挙げて語られるようになるが、その場合、黄帝の時の化現には、常に広成子（『荘子』在宥篇で黄帝に道を説いている人物）が宛てられている。[5] 好道者の説は、ここまで発展したものではなかったであろうが、後の道教の語る老子像の輪郭の、早く桓帝の時、無名の一宗教集団の中に芽生えていた事実は注目に値する。いま、道教の起源を老子の最高神化された時点に求めるとすれば、それは、この無名集団にあったといってよい。また、そこには明かな黄老の逆転が看取されるのである。

ともあれ六朝に入ると、五斗米道を母胎とする天師道が士大夫階級にも浸透し、時には王朝の庇護をも得るようになって、仏教に対抗する、いわゆる道教として成長する。後漢末の反体制的宗教集団によって最高神化された老子は、この間さらにその神格を高めて行く。そして、始めに述べたように、隋唐においては、いずれも老子系の神である元始天尊、太上道君、太上老君の三者を中心とする教理が確固として樹立されていたのである。

二　宋代道教における黄帝の抬頭

宋代道教における黄帝崇拝は、実は大中祥符五年（一〇一二）、黄帝とおぼしき天尊の降臨に始まる。しかし本件は、それに先立つ元年の天書降下事件と連続する所があるので、まずそのことから述べて行く。なお資料には主として『続資治通鑑長編』（『長編』と略する）を用いた。典拠を記さない記事はすべて『長編』に拠るものである。また紙数の都合で原典を挙げることはしないが、代わりに中華書局本の頁を示しておく。

1真宗の封禅と天書

大中祥符元年（一〇〇八）、春正月乙丑（一月三日）のこと、真宗は、宰相王旦、知枢密院事王欽若等を召して、つぎのように語った。

実は去年の十一月二十七日夜半のこと、朕の夢に星冠絳袍の神人が現れ、「明年、天書大中祥符三篇を降すであろう」とのお告げがあった。恐懼して起き上ると、神人の姿は消えた。そこで朕は、十二月に入ると蔬食斎戒し、また朝元殿に道場を建て、壇を設け、恭しく天賜を待った。今朝ほど皇城司から報告があり、左承天門の南角の鴟尾に、黄帛が垂れているとのこと。密かに中使に命じて調べさせたところ、「その帛は長さ二丈ほど、書巻のような物が封緘され、青紐で三重に括られておりますが、どうやら封書には文字が記されている様子でございます」ということであった。これは神人のいう天書ではないかと思うのだが、如何なものであろうか。

王旦等は、「相違ありません。陛下の至誠が天に通じて霊文が降されたのでございます」と答え、再拝して万歳を称した。かくて帝は徒歩で承天門に赴くと、内臣に命じて謹んで黄帛を屋根から降して道場に移し、知枢密院事陳堯叟に命じて開封させると、そこには次のような文字が記されていた（一五一八・九頁）。

趙受命、興於宋、付於恒。居其器、守於正。世七百、九九定。[6]（恒は真宗の諱）

ところで天書降下の件が、この歳の十月に予定されていた泰山封禅を推進するために仕組まれた大芝居であったことは、周知の事実である。因みに泰山封禅のことは前代太宗の時からの懸案であって、大中祥符に先立つ景徳四年十一月、真宗は王欽若と封禅のことを議しているが、その際に欽若は、「封禅を行うには天瑞を得ることが必須ですが、天瑞は人力で作り出せます。陛下が深くそれを信じて崇奉し、天下に示せば、それはまことの天瑞と同じことであります」と述べたという（一五〇六頁）。もともと王欽若は深く道教に心を寄せており、真宗の道教熱は彼に吹き込まれたものといわれる。本件が王欽若による演出であることは明白であるとして、その演出はさらに続けられる。

まず三月甲戌（十三日）、泰山の所在地である兗州の父老等が、宋朝の太平と天書の降下を讃える文書を奉って封禅の挙行を請願するが、真宗は時期尚早として却ける（一五二八頁）。しばらくして、今度は宰相王旦等を首とする文武百官、州県の官吏、僧侶道士等々を動員する大規模な請願があり、直後の四月辛卯（一日）には、大内の功徳閣に重ねての天書降下があった。かくて機は熟したとする真宗は、甲午（四日）、詔して十月に封禅の儀を行うことを定めた（一五三〇頁）。

五月丙子（十七日）、真宗の夢にまた神人が現れて「来月上旬、泰山に天書を賜る」との託宣があり、帝はその旨を王欽若に告げた。六月甲午（五日）、泰山の醴泉亭北の草上に黄帛が落下していたとの報告が、王欽若のもとに届いた。直ちに奉迎の使を派遣して天書を京師に迎え、また朝元殿において、陳堯叟に命じて恭しく読ませたところ、その文は次のようにであった（一五四九・五〇頁）。

汝崇孝奉吾、育民広福。賜爾嘉瑞、黍庶咸知。秘守斯言、善解吾意。国祚延永、寿歴遐歳。

冒頭にいう「天書大中祥符三篇」降下の予告は、こうしてすべて実現し、やがて封禅の日を迎えるという次第となるが、ここに問題は真宗の夢に現れて天書降下を予告したという神人の素性である。元年の記事では、ただ神人とあるだけで、それ以上の記載はない。ところが、封禅を了えた翌二年五月戊午の条に次のような記事が見える。

かねて真宗は、泰山の石壁に御製を刻むよう、王欽若に勧められていた。これまでに封禅を行った天子の例に倣い、泰山にその功を留めよとの要請である。そこで真宗は「朕の功徳、固より紀する所無し」と謙遜しつつも、それではということで、

泰山に登りて天書に謝し、二聖の功徳を述ぶるの銘、及び九天司命保生天尊・周の文憲王等の賛、玉女象記。

を作って輔臣に示した、というのである（一六〇六頁）。ここにいう二聖が宋の太祖・太宗を指すことは明白であるとして、次の九天司命保生天尊（以下、保生天尊と略す）とはいかなる神なのであろうか。次にいう大中祥符五年十月の記事からすれば、保生天尊とは、趙玄朗、即ち宋の遠祖であり、聖祖と尊称され、さらに黄帝と一体とされる神である。しかし、それ

は事柄が進展してからの解釈であって、実は元年から五年にかけての記事を辿ると、この間における天尊の神格が変化し拡大して行くさまが看取されるようである。

保生天尊の名は、実は封禅の際の元年十月壬子、泰山の奉高宮を訪れた真宗の詔に初めて見える。「奉高宮を会真宮と改め、また九天司命上卿に保生天尊の号を加えん」とあり（一五七二頁）、また、『全宋文』二三四の収める詔の全文に、

上卿九天司命真君は、高穹に幽賛し、元（玄）化を財（裁）成す。羣生の命歴を掌り、喬岳（泰山）の霊区を奠む。……宜しく懿号を尊んで九天司命上卿保生天尊と曰い、像を会真宮の別殿に設くべし。……（『宋大詔令集』一三五）

と見えるのがそれである。これよりすれば、保生天尊とは、もとの名は司命真君、泰山を治める神であって、元年十月の加号は、無事に封禅を終えたことに対する謝意の表明であった、と解すべきであろう。(7)

ところが、翌二年二月庚寅の条に次のようにいう。かねて汀州の人王捷なる人物がおり、趙姓を名乗る道人に授けられたという神剣を所持していたが、寵臣劉承珪の信任を得て中正の名を与えられた。やがて中正が、趙姓の道人とは、実は司命真君であると主張したことから、承珪が真君のために新堂を築いたところ、景徳四年以来、屡々堂中のとばりに降臨し、また天書の降下を予告した神人であることがわかった。そこでこの日、司命（保生の誤りか）

天尊の号を加え、宋の聖祖とした、と（一五九三頁）[8]。

以上からすると、本来は泰山の神であった保生天尊は、劉承珪らの画策により、二年二月の時から趙宋の始祖とされ、聖祖と仰がれることになったらしい。そして真宗が泰山封禅を記念する諸文を作ったのは同年五月であることからすれば、御製に見える保生天尊は、既に宋の始祖、聖祖とされていた神であり、天書に係わる神人であったということになる。しかし、この保生天尊がさらに黄帝と一体の神とされ、また趙玄朗の名が与えられるのは、五年十月以後のことである。次に天尊降臨のことに、論歩を転ずることとしたい。

2 保生天尊（聖祖趙玄朗）の降臨

大中祥符五年十月、「戊午（二十四日）、九天司命上卿保生天尊、延恩殿に降る」に始まる保生天尊降臨の次第は、まず真宗の夢物語が輔臣に示され、輔臣が現場を検証したところ、その事実が確認された、という形式を経て天下に公示宣伝される、というのが実情であろう。ところが『長編』『宋史』『宋史記事本末』等の史書は、史実そのままを記すが如く、夢物語を述べるが如く、いささか不得要領の憾みもあるが、次に『長編』によって、降臨伝説の概要を示してみよう。

天尊の降臨に先立つ八日の夜、以前真宗の夢に現れた神人が、今度は玉皇の命を伝えると称して現れた。玉皇の命は次の通り。

先に汝の祖趙某をして、汝に天書を授けしむ。[今、趙某は]将に汝[の前]に見《あらわ》れんとす。唐朝の玄元皇帝(老子)を恭奉せるが如くせよ。(趙某即ち保生天尊自身の降臨を玉皇の命に託して予告する言葉。趙某とは玄朗のことであるが、当時まだ玄朗の名は定まっていない。)

翌日夜、復た神人が現れて、天尊の言を伝える。その言は、

吾は西に坐す。当に斜めに六位を設けよ。(趙某即ち保生天尊が、降臨に際しての坐位を指定する言葉。)

かくて戊午の日(二十四日)、延恩殿には天尊を迎える用意が整えられ、やがて天尊が到着する。その冠服は元始天尊の如くであり、六人の仙人を従えていた。あらかじめ指定していた通りの坐に就くと、天尊は次のように告げる。

吾は人皇九人中の一人なり。是れ趙の始祖。再降して乃ち軒轅皇帝たり。凡そ世の知る所の少典の子とは、非なり。母、電《いなずま》に感じて天人を夢み、寿丘に生まる。後唐の時、七月一日下降す。下方を総治し、趙氏の族に主たり。今、已に百年。皇帝は善く蒼生を撫育し、前志を怠ること無かれ。

告げ終わると天尊は、坐を離れ雲に乗って去った(一七九七・八頁)。

さて、聖祖降臨の状景は以上の如くであるが、ここにいう天尊の言葉はかなり難解である。

いま筆者の推測を加えて一応の解読を試みると、まず保生天尊とは永劫不滅の神であって、平素は天上にあって玉皇（後述するように天帝に相当する）に侍しているが、時に玉皇の命を受けて下降し、しかるべき人物として世間に化現している。

まず「人皇九人の一人」として化現し、趙の始祖となったという。因みに、司馬貞の『史記』三皇本紀は、一説として天地人の三皇に言及しているが、その中の人皇について、兄弟が九人おり、それぞれ九州の長となった、と記している。「九人中の一」とは、これを指すと思われるが、要するに宋祖の遼遠を誇示しての言と解すればよいであろう。次には、軒轅皇帝即ち黄帝として化現したという。『史記』以来、黄帝は少典（有熊国の主）の子として伝えられているが、天尊は強くそれを否定し、実は天人（保生天尊自身をさす）の精霊であって、その母が電に感じて出生したのだ、という。また次に後唐（五代王朝の一。九二三—九三六）の七月一日に下降し、趙氏一族の主となったとあるのは、後唐の天成二年（九二七）とされる（『宋史』）高祖の生誕にかかわる文。ここで天尊は、宋朝の始祖である高祖が自らの化身であることを宣言している。そして「今、已に百年。云々」とは、後唐時から数えて約百年目にあたる今、真宗皇帝の功業と至誠を愛でて、ここに重ねて降臨した、というのである。

なお、趙玄朗とは、保生天尊が趙宋の遠祖として化現した時の名であるが、その名の定まるのは、このあと閏十月壬申（八日）のこととされる。要するに、趙宋の遠祖（宗教的には聖祖）玄朗も黄帝も、ひとしく天尊の化現だというのである。天尊に仮託された言葉は、形式的には、かの黄帝を趙宋の系譜に包み込むものであるが、実際には令名高い黄帝を趙宋の祖に担ぎ出す意図であり、遠祖趙玄朗、即ち聖祖は黄帝と一体の神であること誇示するに他ならない。一方、さきの神書降下の折には見えなかった玉皇が、最高の神として登場していることにも留意すべきであろう。

因みに玉皇という神名は、早く陶弘景の『真誥』巻二・九・十四に見え、宋に近い五代では、民間で盛んに信仰されていたようである。また、大中祥符二年四月癸卯の詔に、「今後、公私の文書において玉皇に言及する場合には、平・闕いずれかの書式を用いよ」[9]とある（一六〇四頁）ことから推すと、真宗の玉皇尊崇はこの時に始まるものではなかったらしい。しかし、その玉皇が元始天尊に匹敵する道教の最高神として仰がれるようになるのは、やはり降臨事件以後のことである。

大中祥符七年九月、玉皇は「太上開天執符御歴含真体道玉皇大天帝」の尊号を謚られているが（一八九四頁）、ここに「大天帝」とあることからも知られるように、中国に伝統的な天帝を道教風に仕立てた神であり、さらにいえば、歴代王朝に命を降す「天」を神格化したものともいえよう。天書の降下といい、天尊の降臨といい、大中祥符年間の事件はすべて宋の国威発揚を旨としており、その意味で最高の神としては、純粋に宗教的世界の神である元始天尊より、むしろ政治的世界の支配者である天が相応しく思われたのである。

ともあれ、これ以後の宋朝では、玉皇・聖祖（黄帝）の崇拝が、重要な政策として着々と進められて行く。直後の十月辛酉（二十七日）には、降臨のことを、天地・宗廟・社稷に告げる儀式があり、翌閏十月己巳（五日）には、九天司命上卿保生天尊に、「聖祖上霊高道九天司命保生天尊大帝」の号が上られる。

同じく壬申（八日）には、「聖祖の名は、上を玄、下を朗と定める。斥（恣）に玄・朗の文字を用いてはならない。以後［後唐時の降下に当る］七月一日を先天節、十月二十四日を降聖節と定める。……」との詔が下る。[10]

次に同月戊寅（十四日）、「兗州曲阜県を仙源県と改め、その地に景霊宮・太極観を建て、聖祖及び聖祖の母を祀る」とある。さきの天尊の言葉にもあったように、黄帝の出生地は寿丘、曲阜県に在ると伝えられていることからすれば、これは聖祖と黄帝とを完全に一体化しての措置である。上述したように保生天尊の尊号として、新たに「大帝」の号が加えられているが、このこともまた黄帝との一体を考慮してのことであろう。なお、ことさらな形で登場する聖祖の母が、「天人を夢にみて黄帝を生んだ」という黄帝の母に相当することは、言うまでもないことである（一七九九～一八〇二頁）。

さらに『長編』は、翌六年の三月から五月にかけて、建安軍で鋳造された玉皇・聖祖・太祖・太宗の尊像が京師に輸送され、玉清昭応宮（玉皇を祀る宮）に奉安されるまでの経過を延々と記している（一八二一〜二六頁）。これよりすれば、保生天尊、聖祖、始祖趙玄朗、黄帝とさまざまな性格をもつ神は、この時期、聖祖の名に要約されたらしく、以後における真宗の崇祀は、多く玉皇に聖祖を配する形で推進されている。そして、その聖祖に最も鮮明に重ねられていたのが、老子に対抗する黄帝であることは、言うまでもないであろう。

真宗の道教改革は、厚く道教を信じ崇老の天子として知られる唐の玄宗を模したものといわれており、保生天尊が降臨に際して述べた言葉「唐朝の玄元皇帝（老子）を恭奉せるが如くせよ」は、まさにこの事実を象徴するものである。周知のように、老子は李唐の祖とされており、唐の興起に当っての降臨神話がある。真宗の意図は、その様式を踏襲しつつ、それを凌駕しようとするにあった。老子を黄帝に代え、元始天尊の代わりには、黄帝の上に立つ最高神として相応しい玉皇大天帝を配した、というのが改革の趣旨なのである。

なお黄帝崇拝のことは、多く聖祖崇祀という形で行われていたようであるが、たとえば六年六月己巳の詔に「黄帝の祀廟ある諸州は、その祀廟に崇飾を加えよ」（一八三一頁）とあり、七年六月乙卯の詔に「恣に黄帝の名号を用いてはならない」（一八七八頁）と見えるように、黄帝その人に対する崇拝も盛行していたことは確かである。

三　宋代道教における黄帝と老子

真宗時における一連の動きは、その後の道教界にどのような変化を齎らしたか。その最たるものが玉皇信仰の興隆にあることは衆目の一致する所であろう。しかし、ここでは題目として掲げた黄帝と老子ということに限定し、特筆すべき二、三を述べて結語に代えることとしたい。

まず問題は、老子の尊称である「玄元皇帝」が、趙玄朗の「玄」を避けて「混元皇帝」と改められたことである。周知のように玄元皇帝という尊号は唐初に溯る歴史を持ち、当時すでに道教の内外に定着していた。しかも「玄」という言葉は、『道徳経』にあっても、後の道教の教理においても、きわめて重要な意味をもっており、「玄元」の二字は、まさに老子の尊号に相応しい。聖祖の名を玄朗と定めた時、そうした思惑があったか否かは別として、少なくとも結果として老子は、その尊号を奪われる事態となったのである。

もちろん真宗とて、老子に対する崇祀を止めたわけではない。降臨のことのあった翌六年八月庚申、「明春、親しく太清宮に謁すべき」旨の詔があり、先の汾陰祭祀[11]に準ずる大規模な準備が整えられる次第となるが、さて、それから十日経った八月庚午、真元皇帝に号を上《たてまつ》りて、太上老君混元皇帝と曰う。

という詔が下り、ここに老子の尊号は「混元皇帝」と定められたわけである。[12] 詔中に以前の尊号を「玄元皇帝」とせず、世の全く関知しない「真元皇帝」としているのは、どういう事情によるのであろうか。察する所、玄元を混元と改めることには、真宗としてもさすがに躊躇する所があり、予めひそかに真元と改めておいて、その上で混元という新号を公示した、という次第なのではなかろうか。

ともあれ、老子の尊号として由緒ある玄元が、聖祖趙玄朗の出現によって改称を余儀なくされたことは厳然たる事実である。そして、その趙玄朗とは、即ち黄帝であることからすれば、ここに黄帝は明らかに老子の上に立つこととなったのである。

混元皇帝の尊号は、おそらく宋一代で終ったものと考えられるが、南宋謝守灝の『混元聖紀』として、洞神部譜録類にその名を止めている。なお、洞神部記伝類の『太上混元真録』は、文中に唐代における避諱改字の迹が随所に見えるなど、おそらくは唐人の作と考えられることから推すと、或いは伝来の書名を改めた例となるのかも知れない。[13]

なお、老子に直接することではないが、王欽若の編に成る道蔵『宝文統録』は、洞玄部を洞元部、太玄部を太真部、と改めていたという。[14] いうまでもなく「玄」を避けたことによるが、これまた、道蔵編纂史上の一大問題と称すべきであろう。

次には黄帝崇拝に関連して、『黄帝陰符経』が優遇されるようになったこと。大中祥符九年三月の条に、『天宮宝蔵』[15]の編纂される経緯を記す文があり、関連して編纂主任の王欽若が、「これまで四輔に収められていた『老子道徳経』と『黄帝陰符経』とを洞真部に升せたい」と上言した旨を記している（一九七五頁）。並記されている『道徳経』のことはともかく、『陰符経』に関する限り王欽若の提案は、宋代にこの書が流行していた事実はあるにせよ、疑いもなく当時推進されていた黄帝崇拝に拠るものである。いま洞真部を見ると、まず、経文がその本文類にあり、二十種に及ぶ注釈書が玉訣類に収められている。

しかし『陰符経』が洞真部におかれていることには、いささか疑問がある。「神仙抱一演道」「富国安民演法」「強兵戦勝演術」の三章から成る本書は、その内容からして四輔のいずれかに属して然るべきであろう。思うに、『天宮宝蔵』の編纂されるに当って、いわば強引に洞真部に編入された後、それに続く諸道蔵は、黄帝の名に引きずられてそのまま放置し、正統道蔵に至ったということなのではなかろうか。

課題については、なお論ずべきことが残されており、特に真宗時改革の影響を直接に蒙っている『雲笈七籤』の編纂態度が問題である。この点については稿を改めて述べることとし、一応小論を結ぶこととしたい。識者の教正を切に希うものである。

注

（1）拙著『老子伝説の研究』（一九七九、創文社刊）の後篇「老君伝の研究」、第一章「老子神化の発祥」を参照。

（2）孫克寛『宋元道教之発展』（一九六四、台中市東海大学刊）、窪徳忠『道教史』（世界宗教史叢書9山川出版社）の第四章の四。

（3）漢初に流行した政治的黄老は、一面において養生説を重視するものであった。政治的黄老が衰微しあと、後漢の神仙黄老として流行するのは、この事実に由来すると考えられる。第三章「六家要旨考」の九二頁を参照。

（4）前出拙著の後篇、第一章の内、特に一節「辺韶の老子銘」を参照。

（5）前出拙著の後篇、第二章「歴代化現説考」を参照。

（6）天書の文中、「付於恒」の句は中華書局本の表記。原本では真宗の名を避けて「付於諱」と記されている。

（7）人の死生を司る泰山の神の名として相応しい「司命真君」に、封禅を成功させ、宋朝の安民知治国に貢献した功に謝して「保生天尊」の号を加えたのであろう。

（8）『長編』大中祥符二年二月庚寅の記事は、元年十月の記事と必ずしも照応しない。要は劉承珪等の画策により、泰山の神であった保生天尊が、宋の始祖・聖祖とされるに至る経過の示されていることに留意すればよいであろう。なお、劉承珪は後に承規と改名、『宋史』二二五の「宦者伝」

に承規の名で伝が見える。また王捷（中正）については、「王公墓誌名」が『文荘集』二八（『全宋文』三五五）に収められている。関連する記事はこれらにも見えるが、いずれも『長編』の文とは照応せず、この間の経過を正確に辿ることには困難を覚える。

（9）「平・闕」は「平出闕字」の略。公文書・献白書等における書式の名。平出は、その名を記す場合、行を改めて頭首に記すこと、闕字は、その名の上部一、二字を空白にすること。

（10）道教史上に有名な趙玄朗の名は、実は文献の上にはあまり残っておらず、『長編』と『宋史記事本末』に一ヶ所、上述した大中祥符五年閏十月壬申の詔に見えるに止まる。『宋史』『宋会要』に皆無なのであるのは、余りにも荒唐無稽の説として黙殺したか、とも考えられる。そもそも聖祖の諱をみだりに書くことは厳禁されており、朝廷の記録に残らなかったという事情もあろうが、なお、元年十一月戊午、封禅の行事をおえた真宗は泰山にほど近い孔廟を訪れ、それまで「文宣王」であった尊号に、新たに「玄聖」の二字を追諡した。「緯書」に「孔子の母が黒帝に感じて生まれた」あることに拠るものという。ところが、降臨事件のあった直後の十二月壬申、諡ってから間もない「玄聖」を「至聖」と改めている。この事実は、趙玄朗の名が降臨事件以後に生じたことを明白に示すものである。

（11）小論では触れなかったが、真宗は大中祥符四年、汾陰に后土を祀っている。これは封禅に次ぐ重大事とされている。

（12）『長編』では「真元」を「貞元」に作るが、『全宋文』二四六に収める『宋大令集』一三五に拠り改めた。

(13)『混元真録』の唐代作説については、前記拙著の後篇第四章を参照。ただその当時、書名の「混元」について疑義を抱くに至らなかった。もし宋代の改題によるとすれば、唐代には『玄元真録』とでも称されていたのであろう。

(14)『文献通考』二二四は、『宋三朝史志』を引いて、『宝文統録』が洞玄を洞元、太玄を太真と称していたことを記している。なお『宝文統録』の完成は大中祥符九年(一〇一六)、次にいう『天宮宝蔵』(王欽若の命を受けた張君房の編)は、それから間もない天禧三年(一〇一九)に完成している。

(15)『天宮宝蔵』は、それに先立つ『宝文統録』は不備であるとして、その完成した直後に企画された「道蔵」。内容を窺うべき資料は皆無であるが、三洞四輔の名称は、当然『宝文統録』と同じであったと思われる。

第六章　我観　老子の思想

はじめに

老子の思想を述べる前に、まず書物としての『老子』について一言しておこう。『老子』という書は、字数でいうと約五千数百字（一般に五千言と称する）、上下二篇に分かれ、上篇は三十七章、下篇は四十四章、計八十一に分章されている。また、上篇は「道」を説き、下篇は「徳」を説くということから、上篇は道経、下篇は徳経と称し、通じて『道徳経』ともいう。（ここにいう「道」と「徳」は、『老子』に独特の用法であって、「道」とは一種の形而上的な原理であり、「徳」はその原理が形而下の形跡として現れた状況をいう。詳しくは後文を参照。）

道経・徳経の名は、上篇一章が「道可道」で、下篇の首三十八章が「上徳不徳」で始まるというように、また概していえば「道」に関する文が上篇に多いというように、内容に即する点もあるが、決定的な区分であるとはいえない。さらに八十一章の順序にしても、たとえば一章でまず独特な「道」を提唱するかと思うと、次の二章では世にいう善悪美醜が相対的区別に過ぎないことを論じ、三章では「無為の治」の一環として政治の場から賢者を追放すべきことと主張するというように、格別な編輯意識があって排列されているようには思われない。むしろ『論語』と同じく、断片的な語録の集成といった印象である。ただ『論語』に見えるような問答形式の文はなく、八十一章のすべては老子の言葉とされている。

人名地名といった固有名詞を一切含まないことも本書の特色である。著者老子の実像を窺うべき手がかりは、ここにもまったく見出せないことになるが、一方この事実が、『老子』の言葉に時間と空間とを超越する真理を思わせる迫力を与えていることも確かであろう。

ところで二十世紀に入ってからの研究は、その内容から推して『老子』を一人一時の作ではないと見る。近年に至るまでのわが国の通説によれば、戦国時代中期の前三百年ころにまず原本が作られ、その後数次にわたる増補や改訂が加えられて、現行本として最終的に形成されるのは漢代に入ってから、前一百年ころのことであろう、といわれていた（七五頁注1を参照）。ところがごく最近に古代の墓から出土した写本からすると、半世紀ほど繰り上げられて、原本は戦国時代の初頭、最終的形成は戦国末期ということになるらしい。

こうした『老子』の形成については、本書の第二章の第四節及び七六頁の注（2）を参照願うとして、ともあれ現行本の成立に至るまで約一五〇年の歳月を閲したと考えられる『老子』には、当然のこととして旧新の思想が入り交じっている。特に戦国時代は思想界が活況を呈していた時期であって、『老子』の思想は他学派にも大きな影響を与えているが、逆に他学派からする影響も見出される。

このようなわけで『老子』の作者は、実際には不特定多数ということになろう。しかし著者として伝えられる老子の名を無視することはできない。老子なる人物は、伝説的には春秋時代末期の孔子（前五五二—四七九）と同時期の先輩とされているが、儒教批判を含む『老子』の内容からして、孔子に後れることは明白である。ここでは戦国時代（前四〇三—二二一）の思想家、不特定多数の著者の代表という意味で老子の名を使用することとし、以下老子の主要な思想・教訓を各項目別に略説することとしたい。

第一節　憂世の思想家

1　為政者への苦言

老子は、まず戦国の世相を睨む憂世の思想家である。

紀元前一〇五〇年ころの創建と伝えられる周王朝は、前七七〇年、内乱による国力の衰微に加えて、西北方異民族（犬戎）の侵入に遭い、都を鎬京（今の西安付近）から洛邑（今の洛陽）に遷すことを余儀なくされた。以後中国は、秦の始皇帝による天下統一（前二二一年）

に至るまで、約五五〇年にわたって群雄割拠の世となるが、その間、前四〇三年を境として、前半を春秋時代、後半を戦国時代と称する。

春秋時代、周王朝は既に洛邑付近の一小諸侯に転落しており、大諸侯が互いに覇を競っていた。ただ周の一族や創業の功臣の後裔である彼らには、周に代わって天下に王となろうとする野望はなく、この時期、周王朝はなお名目的権威を保持していたといってよい。ところが前四〇三年、周の一族で中原の地の大国である晋が、三人の家老によって滅ぼされて韓・魏・趙の三国に分裂する。間もなく、同じく太公望呂尚を祖とする東方の大国斉が、家臣の田氏に奪われて田斉と改まる。かくて天下は、東の斉・西の秦・南の楚・北の燕、それに中原の三国を加えて七国の世となるが、七国はそれぞれ勝手に王号を称して、周に代わって天下に王となることを標榜し、民衆の困苦をよそに戦乱は愈々激烈の度を加えていた。

このような状況にあって老子は、まず世の好戦的な君主に対して、極力交戦を止めるよう訴える。三十章は、戦国の世の常として戦争の根絶は期し難いとしても、それは勝つことだけを目的とせよ、武力によって国家の強大を謀ってはならないとの論であり、三十一章は、已むなく戦う場合でも、勝利を喜んではならない、喜ぶ者は殺人を楽しむことに他ならず、そもそも殺人を楽しむ者が天下に王となることなどあり得ないと断言する。特に同章の結句「戦勝には喪礼を以て之に処る」は、戦勝の儀礼は敵味方を問わず多数の死者を出したことに思いを致して、葬式の儀礼に準じて執り行えということであって、反戦の思想家老子の面目を躍如たらしめる言葉として有名である。

一方戦国時代は、文化史の上からも注目すべき進展を見せた時代である。因みに中国における鉄器の使用は春秋時代中期に始まるといわれるが、戦国の世、木製に代わる鉄製農具の普及は、農業生産力の飛躍的増強をもたらした。また鉄製武器の出現は　従来の戦争の様式を一変させるものであった。秦の天下統一を促したのは、他の六国にさきがけて鉄の大量生産に成功し、強力な軍備を整えたことにあったともいう。そしてこうした情勢は、また工人が便利な道具や精巧な器物を作り出す原動力ともなっていた。五十七章に「民に利器多くして、国家滋々《ますます》昏《くら》し、人に伎巧多くして奇物滋々起こる」とあるのは、便利な道具が民の純朴さを失わせて国家を混乱に導いていること、工人の技巧が進むにつれて珍奇な造形を競い合うようになったこと、を批判する言葉である。文化文明の発達もまた争乱の一因であると、老子は考えていたのである。

特に老子は、農業生産の増加が上流階級の生活を豊かにし、それが豪華奢侈を好む風潮を助長したことに留意する。それを批判する文は十二章・五十三章に見えるが、特に五十三章では、彼らが民の困窮をよそに贅沢三昧にふける状況を「盗夸《とうこ》（夸は誇、盗人の栄華）」とまで極め付けている。まさに老子の憤激のほどを示す言葉である。文化文明に対する老子の批判には、それによって純朴さの失われることを懸念する意味もあるが、一方それが豪華奢侈の流行を促すことにもあった。五十九章で国家の安泰を長久のものとする秘訣が「嗇《しょく》(つつましさ)」にあることを強調するが、それもこうした状況を憂慮しての言といえよう。

2 儒教批判

春秋末期の孔子に始まる儒家は、戦国に入ると弟子や孫弟子の活動によって学派としての形を整えてゆくが、それに触発されて諸子百家と称される知識人が輩出する。かくて戦国の世、思想界が空前の活況を呈していたことは周知の事実である。

老子は、諸子百家が相互に敵対し合い、また遊説の士として侯王に接近し、富国強兵・天下統一などの策をあれこれ述べ立てている状況を、世の混乱に拍車をかけるものとして憂慮していたが、その批判は特に儒家に向けられている。儒家について老子は、戦国の世では殆ど空理空論である仁政の理想を掲げ、学問知識をひけらかしつつ自家の道徳を世に強制する一派と考えていた。とくに儒家の説く「礼」に至っては、その形式性と偽善性によって、社会に多大の害毒を流すものと見ていた。

三十八章に「礼は忠信の薄きにして乱の首《はじめ》なり」という言葉がある。前半は、人々の真心が薄れて、お互い心で信じ合うことができなくなった時、相互の信義を形で示すようになった、それが「礼」だということである。約めていうと、真心があれば「礼」など不要だということになろう。後半は、相互のやりとりを旨とする「礼」に潜む危険性を指摘する。つまり一方が礼を行って、相手がそれを無視するということになると、なまじの礼が、かえって争乱の因ともなる、というのである。いったい社会生活の潤滑油として「礼」の存在を否定することはできない相談であろう。しかし現今の日本に虚礼という言葉が通用しているように、ともすれば形式にとらわれ勝ちである礼の欠陥を指摘する老子の眼光は鋭い。なお二十章には、礼の規定がいたずらに煩雑厳格であることを慨嘆する文が見える。

十八章にいう「大道廃れて仁義あり、慧知（知恵）出でて大偽あり。六親（親子・兄弟・夫婦の関係をいう。要するに親族の結合）不和にして孝慈あり、国家混乱して忠臣あり」は、儒教批判の文として有名である。ここに大道とは、老子のいう無為自然の道が行われていた状況をいい、それが廃れて仁義の教を生じたとあるのは、儒家の理想とする堯舜の世をも末世であるとしておとしめ、大道の行われていた世を悠遠の太古に求めるものである。さてそれならば、大道の行われていた世とはどのような社会だったのであろうか。

最近に出土した『老子』の古写本によれば、十八章の首に「故」の字がある。この事実は十七、十八の二章が、もとは合して一つの章であったこと、つまり十七章は、十八章に先行して大道の行われていた世のさまを述べる文であることが明かとなった（第二章の二節2を参照）。その十七章によれば、まず「最高の治政では、下々はお上の存在を知るだけ」とあり、これは民が治められていることを意識しないさまといえよう。また同章の後半は、さらにその状況を述べて次のようにいう、「民はそれぞれに所を得るが、「それを君主のおかげとは思わず」自分たちの力でひとりでにそうなった、と考えている」と。以上は、君主が権力によって民を拘束するようなことはまったくない、民は自在に振舞って安穏な日々を過ごしているが、それが君主の絶妙な統治のおかげであることさえ意識しない、といった状況である。まさに無爲の治の極致を述べるものといってよい。

十八章の論旨は、儒家の説く仁義は無爲の治の廃れた末世を救うための教えに過ぎず、孝慈は末世における人倫の乱れに生じ、忠臣は同じく国家の危難に登場する、ということである。裏を返していえば、無爲の治の行われた世では、仁義・忠孝の教などなかったが、それでも国家社会の秩序はおのずからに保持され一家は平穏を楽しんでいた、その世では忠臣・孝子など出番がなかったのだ、ということである。

老子は必ずしも、仁義・忠孝の実を否定するものではないが、それを教えとして強制することには断固として反対する。こうした教えの林立し氾濫することが、世の混乱を助長する結果となることを憂えたからである。老子は、こうした教えを必要としない社会を理想の世とし、ひそかにその典型を太古の世に想定していたのである。

3　原始に復れ

十七・十八章に関連して留意されるのは、「小国寡民」の句に始まる八十章である。まず全文を口語訳によって示すこととしよう。

国は小さく民は少ないのがよい。十人百人を統率できる器量の人がいても、その能力を発揮させないようにする。人民には生命を大切にして遠方には移動させないようにする。このようであれば、舟や車があってもそれに乗ろうとする人はおらず、甲冑や武器があってもそれを並べ立てようとする人は無いであろう。人々に［文字の使用を止めて］太古さながらに結縄によって意志を通じさせ、［たとえ粗末であっても］その食物を美味と思い、その服装を立派だと考え、その住まいに満足し、現在の素朴な習俗を楽しむようにさせる。このようであれば、隣の国は望み合えるくらいに近く、鶏や犬の声が聞えてくるほどであっても、人民は老死に至るまで、互いに行き来することは無いであろう。

以上は、老子が、その理想とする社会の在り方を述べた一章として有名であるが、特に留意されるのは、ここに「結縄」の語の見えることである。因みに中国における文字の発明は、一般に黄帝の時とされており、それ以前、人々は縄の結び目によって意志を通じ合ったという。黄帝より以前に伏犠・神農などという天子がいたといわれるが、その伏犠・神農の時代を「結縄の世」と称するのは、そのためである。

固有名詞を含まない『老子』において、こうした帝王の名はどうでもよいことであるが、ともあれ老子にとって、文字の出現は人知文明の始まりであり、世相の険悪化する第一歩である。文字の使用を止め、縄を結んで意志を通じ合うということは、原始素朴の世への復帰に他ならない。

ただ、ここにいう国を文字通りに解すると、『老子』のいう無為の治が、後述するように一般に天下国家を対象としていることと合致しなくなる。文面から推しても明かなように、ここにいう国とは村落のことである。つまり最底辺の行政単位として無数の村落があり、各村落は素朴そのものの現状に満足し、外部との交通を絶ってそれぞれに閉鎖的な生活を送る、そして、大国の無為の治は、このような村落の集合の上に実現する。——老子は、このように考えていたのであろう。

権力・武力・知恵・知識・学問・文化・文明といった人の営みすべてを否定するとなれば、その理想が原始素朴の世に向けられることは必然であって、その意味で老子に「原始に復る」ことを良しとする意向のあったことは確かである。

しかし老子は、それを高らかに唱えるほどのロマンティストではない。「原始に復れ」の主張には、戦乱の世を演出しているあらゆる人の行為に対する、痛烈な批判の気持ちもこめられていた、と解すべきであろう。また十七章に説く無為の治は、結局は理念の世界でしか通用しない提言である。かくて老子は、乱世を救うべきせめてもの処方箋として、処世論としては「柔弱謙下」を、政治論としては、もう少し現実的な「無為の治」を説くこととなる。

4 「無為」について

これまで格別の説明もなく「無為」の語を用いてきた。しかし、この言葉は世相を慨嘆する老子にとってきわめて重要な意味をもっており、また次章以下の叙述にも頻出する。本章の結びとして、次に一言しておこう。

さて、世の思想・教訓の類は、人は何を為すべきか、如何にあるべきか、を説くのが通例である。ところが老子は世の常識に反して、無為に生きよ、自然のままがよいという。上述したように、戦国の世相を睨む老子は、権力・武力・知恵・知識・学問・文化・文明といった人の営みすべてに懐疑する。人が何事かを為そうとすればするほど、世相はますます険悪の度を加えるばかりだ、いっそ何もしない方が良いのではないか。『老子』を特色づける無為の提唱は、こうした思案に出発する。

もっとも老子のいう無為とは、何もしないということではない。無作為、つまりことさらな行為をしない、自然のままに任せよ、ということである。いま「原始に復れ」という主張に即していえば、人が生活を維持するのに必要な最小限度を越えるすべての営みはことさらな行為である。また放任無干渉を旨とする「無為の治」に即していえば、為政者が民を権力によって拘束すること、仁政と称してお情けをかけること、いずれもことさらな行為である。

ところで、こうした無為の在り方の正当性を保証するものとして、老子に独特な「道」の思想がある。無為については、さらに「無為の治」「道の思想」の項を参照されたい。

第二節　処世訓と政治論

1　柔弱謙下の教訓

老子の処世訓は、一般に「柔弱謙下」という言葉で要約される。柔弱とは剛強に対する言葉であって、剛強が、理想に燃え、強くたくましく、積極果敢に生きる生き方であるのとは反対に、「万事つつましく控えめに、己れの分を知って背伸びせず、無知無欲を信条として人と争わず、時には己れを曲げても人に逆らわない」というような生き方である。謙下とは傲慢不遜に対する言葉であって、態度として謙虚・へりくだりを旨とするさまをいうが、主としては君主における柔弱の表示である。こうした生き方はいかにも消極的に過ぎ、一見敗北主義とさえ思われるかも知れない。しかし、老子にとって柔弱謙下とは、一般の人であれば如何なる状況にあっても一身の安全を保持する途であり、世の君主であれば天下に王ともなる途《みち》である。そして、そこには「柔弱が剛強に勝つ」「柔弱のもたらす永遠の勝利」といった、したたかともいえる処世論が展開しているのである。

たとえば八章に次のようにいう。

上善は水の若し。水は善く万物を利して而も争わず。衆人の悪《にく》む所に処る。故に道に幾《ちか》し。……夫れ唯だ争わず、故に尤《とが》(禍い)無し。

「上善」とは老子の考えるまことの善。水は万物に無限の恩恵を与えながら、自らは低い方に流れて決して争わない、居所といえば衆人の嫌がる低湿の地に甘んじている。こうした水の在り方を柔弱謙下の象徴として賛美するとともに、人も水を模範として不争に徹せよ、そうすれば禍いに罹る恐れもないのだ、という教訓を寓して結びとする。

また四十四章の始めに「名と身と孰《いず》れか親しき。身と貨と孰れか多《まさ》れる」とあるのは、名誉や財貨を求めて心身を消耗し、生命を縮めることを厭《いと》わない世人に対し、そもそも名誉も財貨も我が身あっての物種、何よりも大切なのはわが身ではないのか、という問いかけである。それに続いて「足るを知れば辱められず、止まるを知れば殆うからず、以て長久なるべし」とあるのは、欲望をほどほどに抑えよ、止まるべき分をわきまえよ、そうすれば恥辱を受けたり身を危うくすることもない、そこで安穏無事の状態を長く保持することができるのだ」という教訓である。(「止足の戒」として知られる。)

以上は柔弱謙下のすすめであり、八章にいう「尤無し」、四十四章にいう「以て長久なるべし」は、その効験を説くものである。これを現実的成功と称するには、ささやかに過ぎるようであるが、しかし戦乱の世、傲慢な君主に仕える士大夫にとって、一般の庶民にとって、ともかくも一身の安全を保持して無事に一生を終えることは、決して容易なことではない。この程度のことであっても、彼らにとっては十分な成功なのであろう。

戦乱の世を如何に生き延びるか、その方途である柔弱は、福を求めるよりも禍いに罹らないこと、成功することより失敗の無いこと、をモットーとする。そして、このような生き方にあっては、決して失敗をしでかさないための用心深さが要請される。六十三・六十四の二章は、小事をも大事と心得て対処せよ、禍の芽は未然のうちに摘み取れ、といった慎重な処世を論ずるものであって、無為自然とは矛盾するような気もするが、これも柔弱の一環なのである。なお、わが国のことわざとしても知られる「千里の行も足下に始まる」は、六十四章を典拠とする句である。

以上にいう「上善若水」（八章）、「知足不辱、知止不殆」（四十四章）は、柔弱謙下に関する名言として知られるが、そのほかにも次のような句がある。

「和其光、同其塵」（其の光を和げて、其の塵に同ず）。自己の才能を内に蔵《かく》して、世俗に同化すること。略して「和光同塵」ともいう。―四章・五十六章

「知足者富」（足ることを知る者は富む）。満足することを知る者こそがまことの富者である。―三十三章

「知足之足常足矣」（足るを知るの足るは常に足る）。いったんの満足ではなく、真の満足を知る心の豊かさこそ、永遠の豊かさである。―四十六章

「企者不立、跨者不行」（企つ者は〈長くは〉立たず、跨がる者は〈長くは〉行かず）。背伸びしたままで長く立ってはいられない。大股の歩行を長く続けることはできない。不自然な（剛強の）行為はやめて自然体で生きよ、ということである。―二十四章

なお九章は、たとえば「刃物を研いで鋭利にすれば、［すぐに刃こぼれして］長く保つこ

とができない」というように、頂上を極めることの危険をさまざまな例を挙げて述べる文であって、これはひたすら剛強の途を歩み続ける人々に対しての戒めであろう。ただその末句に「功成り名遂げて身退くは天の道なり」とあるのは、頂上を極めた人がその地位に執着することによって、折角の功名を失う結果となることを警告する。これは政界の要路者に対しての教訓かと思われるが、現今にも通用する名言として味わうべきであろう。

柔弱謙下は、世の君主に対する教訓でもある。というよりも、主たる対象はむしろ世の君主であると解すべきであろう。第一節で述べた君主への苦言の数々、次項にいう圧政の戒め、すべて柔弱の施政を要請するものである。

特に君主に対する教訓として、柔弱の施政による天下統一の趣意を述べる文のあることに注意される。たとえば二十八章に「其の雄を知りて其の雌を守れば」「其の白を知りて其の黒を守れば」「其の栄を知りて其の辱を守れば」に始まる三文があるが、そこにいう「雄」「白」「栄」は剛強の世界を意味し、「雌」「黒」「辱」は柔弱の境地を指す。つまり上記の三句は、権力を振るおうと思えば振るえる立場にある世の君主が、あえて柔弱を守れば、という趣意であって、一方これに対応する結句はやや難解であるが、ともかくも帝王の座を保証するものとなっている。つまり本章の意図は、諸侯王に対して柔弱の政治こそが王座への途であることを説くものといえよう。

また六十六章では、君主と民衆との関係を大河と諸々の小川にたとえて、大河が小川の水を集めて帝王然と構えていられるのは、低地に位置するからであるとし、古《いにしえ》の聖人は柔弱謙下を持することによって民の支持を得、遂に、天下に王となったと説く。（本章については、次節の〇〇〇頁を参照）

以上二例の場合、天下に王となるという成功を、老子自身が心底確信していたかは疑問であって、その意図は、傲慢を持して圧政を事とする世の君主に対し、ともかくも柔弱の治政をすすめるにあったような気もする。なお「柔弱が剛強に勝つ」と明言する句が随所に見えており、柔弱謙下による現実的成功（天下統一）ということが、『老子』の政治論を特色づけていることは確かである。

なお「柔弱による天下統一」を説き、「柔弱が剛強に勝つ」と唱えることは、『老子』の思想としては晩出であるらしい。小論は、実は第四節において『老子』の思想の形成される過程を順序立てて考察することを意図しており、以上のことは改めてそこで詳しく述べる所存である。

ともあれ戦国当時の他学派では、老子の主張の眼目は柔弱にあると見ていた。他学派で最も早く老子に論評を加えたのは儒家の荀子であるが、その書には「老子は屈従的立場は知っているが、伸張することの大切さを知らない」（天論篇）とあり、また戦国最末期の『呂氏春秋』は、十人の思想家を短評する文中に「老子は柔を貴ぶ」（審分覧不二篇）と述べているのである。

2　無為の治の諸相

さきに好戦的な世の君主の武力行使を戒める言説を紹介したが、それと並んで老子は、為政者に対して権力政治の危険を強く警告している。たとえば七十二章には、民が君主の圧政と重罰に慣れっこになると、お上の権勢を物ともしない状態となり、やがては大乱を招くことになろう、との言があり、また七十四章では、民が圧政に苦しんで死ぬことを何とも思わなくなれば、死罪による威しもきかなくなる、という。

以上は法家者流の権力政治のもたらす弊害を誇張気味に述べて、これを戒める言葉である。老子は民を過度に拘束する法家政治に比べると、儒家の仁政はまだましだと考えてはいたようである。しかし、君主が民に情けをかけることも、余計なお節介であるとした。そもそも「愛」の反対には「憎」がある。君主たる者、万民のすべてを包容するためには、愛憎の情を捨てて無心に徹することが必要だ、と考えていたのである。

無為の治とは、まず権力によって拘束せず、恩恵を施すこともない政治を志向するものである。十七章の説く状況は、一四六頁で述べたように無為の治の極致を示すものではあろうが、余りに理念的に過ぎる。ここでは、世の君主に対しての現実的提言とおぼしき言葉を拾いだしてみよう。

最も有名な提言は六十章にいう「大国を治むるは、小鮮を烹《に》るが若し」である。「鮮」とは鮮魚、干物ではないなま魚のこと。鮮魚を煮る場合、煮え具合を見ようとして裏返したり、突ついたりすれば、魚は崩れてしまう。ひとたび煮始めたら煮おえるまで、いじくらずにそっとしておくことだとは、現今でもよくいう上手な煮方のこつであるが、古く老子の当時からいわれていたらしい。要するに大国を治める要領は、上からの干渉を極力抑えて、民をあるがままに放置せよ、ということである。それを魚の煮方という卑近なたとえによって示したところに、この言葉の妙味がある。

五章に「聖人（聖王）は不仁」とあるが、ここに「不仁」とは「情け知らず」というくらいの意であって、無干渉を旨とする聖王が、民をそのままに放置しているさまを、仁政への批判をこめて、いささかショッキングに表現したものである。

無為の治について、以上は無干渉という基本的方向を述べるにとどまるが、幾分か具体的な政策を述べる例もある。五十七章に「法令滋々《ますます》顕《あらわ》れて、盗賊多く有り」とあるのは、法令はどんなに整備しても、必ずや法網をくぐる者があらわれて、さらに犯罪者がふえるものだ、という趣旨から、むしろ法律・政令の簡素化を説くものである。七十三章に「天網は恢々《かいかい》、疏《そ》にして漏らさず」という、わが国でも有名なことわざが見える。「天のめぐらす法網は広大であって、目は粗いが取り逃がすことはない」ということである。老子は人為的な法令には限界があるとして、むしろ自然の法網に委ねるべきであることを考えていたように も思われる。とすれば五十七章の文は、法令の廃止を説くものであったかも知れない。

無為の治は、また「知」「知者」の排除として示される。三章に「賢を尚ばざれば、民をして争わざらしむ」「夫の知者をしてあえて為さざらしめば、則ち治らざること無し」とあるのは、当時の思想界に流行していた賢人政治が、民の間に知を競い合う風潮をもたらすことを憂慮して、知者の封じ込めを説くものである。

六十五章は、「むかしの得道の帝王は、民を聡明にするのではなく、民を愚かにしようとした」という文に始まり、民を無知の状態におくことは国家の福、知を持たせることは国家の禍いだとまで断言する。民を無知蒙昧《もうまい》の状況におき、少数の為政者が政治を恣にする、いわゆる愚民政治を想起させる内容であるが、しかし老子の意図は、実はそれとまったく異なる。もともと老子は人の知に不信の念を抱いており、当時の民が口巧みに要路者に取り入ったり、詐欺をはたらいてたりして、世の秩序を乱していた状況を懸念してのことであった。民を無知ならしめよとの主張は、民の純朴さを取り戻す方途であった、と解すべきであって、放任を旨とする無為の治では、民の純朴が必須の要件だったのである。

第三節　「道」の思想

老子は、独特な意味をもつ「道」を説いた思想家として知られており、老子を祖とする学派を道家と称するゆえんもこの点にある。本書では、その道を特にカギをつけて「道」と表記していることを、ここに改めて断っておく。

道とは、本来は人の往来する道路の意であるが、転じて人の踏み行うべき道の意ともなる。『論語』に「朝に道を聞けば夕に死すとも可なり」（里仁篇）とあるが、ここに道とは、仁・礼などあらゆる徳目を包括して人の理想的な在り方を端的に示す言葉であって、だからこそ孔子は生涯をかけて道を追求しつづけていたのである。『論語』は、また理想とする人格を冠して「先王の道」「文武の道」とも称するが、それを継承した『孟子』になると、さらに「堯舜の道」「聖人の道」の句が加わり、それは敵対する学派（孟子は異端と称する）を排斥して、自説を宣揚する場合の常套的な句ともなっていた。

『老子』の冒頭に「道可道、非常道（道の道すべきは、常の道に非ず）」とあるが、ここに「道可道」とは、これこそが理想的な道であるとして世間に唱えられている道のすべてを指し、それは常道（恒久不変の道）ではないと喝破する言葉である。儒家をはじめとする世人の唱える道は、所詮は一党一派にだけしか通用しない道であり、このような道の横行することはいたずらに世の争乱を助長するものでしかない。老子の求めた道は、対立的な道のすべてを内包し、時と所を超えて通用する唯一的絶対的な道であって、それがここにいう常道なのである。

あらゆる人の営みに失望し、人の自信過剰と傲慢を慨嘆する老子は、そこで人の行動の規範を、むしろ天地自然の世界に求めていく。人の行使する権力も武力も、人の作り出した学問も文明も、大自然の営みに比べれば、まことに取るに足りない小事業である。傲慢な人間は、大自然の前に己れの小なることを自覚すべきであろう。大自然から見れば万物の一つに過ぎない人間は（老子が万物という場合、実は万民を指すことが多い）、小賢《ざか》しい思慮分別を捨てて、むしろ謙虚に自然界の法則に従うべきではないか。このように考えて、老子は天地造化の営みに注目する。

天地間には一定の秩序がある。日月昼夜の交替、四季寒暖の推移、そこにはすべて恒常的な法則があり、寸分の狂いもない。その間に万物は次々と生み出され、成長を遂げ、やがて死滅する。しかしその後には、また新しい生命が生み出されていき、造化の営みは、しばしもやむことなく続けられている。

ところで、こうした天地造化の営みは、いったい何者の所為なのであろうか。これを宗教的にいえば、偉大なる造物主（造化神）のみわざということになろう。しかし老子は、宇宙間に意志をもつ超越者の存在を認めない。それを意志もなく作為もない、自然のままの営みであると考えた。（その意味で老子の宇宙観は、現今の科学的宇宙観に近いといえる。）

人の行為には、誤謬もあり失敗もある、仮に成功を収めたとしても、それは一時的成功に過ぎない。しかし、自然のままである造化の営みは着実そのものであり、しかも恒久不変である。こうした造化の在り方をこそ、人は理想とし模範とすべきではないのか。このように考えて老子は、天地造化の営みをあえて「道」と称したのである。いったい目に見える世界にあって自然界に一定の秩序をもたらし、万物を生み養っているのは有形の天地である。老子の「道」とは、その天地の奥にひそむ無形の力、つまり造化のエネルギーとでいえばわかり易いであろう。

造化のエネルギーは、まだ天地もなかった時に既にあり、この天地も実はそのエネルギーによって生み出されたのである。その意味で「道」は、天地をも包む唯一的存在であり、天地万物の根源ともなる存在である。その「道」は無形であるが、また無名とも称される。

いったい「名」とは、そのものを他と区別するために、或は価値付ける（善悪美醜など）ために必要となる。しかし初めて名を与えられた天と地とに先立って既に在り、唯一的な存在である「道」には対立する他者は存在せず、従って他と区別する必要が無い。また、その無限のはたらきは世の価値観を超越している。従って「道」とは、本来名付ける必要も無く、名付けようもない存在であって、説明の便宜上仮に名付けた称呼に過ぎない。「道」を無名と称するのは以上の観点からである。

因みに『老子』の二十五章に次のようにいう。

物あり混成し、天地に先立ちて生ず。寂《せき》たり寥《りょう》たり。独立して改めず。周行して殆《あや》うからず。以て天下の母と為すべし。吾れ其の名を知らず、之に字《あざな》して道と曰い、之が名を為して大と曰う。

二十五章は、「道」が天地以前の存在であり、天地万物の母であることを明白に述べる文として知られる。難解の文であるが、一応の大意を記すと、「天も地もまだなかった時、天地万物を包んで混然一体を成す、ある存在があった。その存在のはたらきは、目には見えず耳にも聞こえないが、独自の営みを変ることなく営み続けており、しかもその営みは遍《あまね》く宇宙の隅々に及ぶが、疲れることもない。その存在こそは、天地万物を生み出した母といえよう。しかし、私はその存在の名を知らない。仮に「道」と呼んでおこう。そのはたらきのありさまを「大」と形容しておこう」ということである。

ここに「字」とは、本来的な名とは別に、成長した後に称する名のことであるが、第二次的な名ということで、ここでは仮りの名の意となる。「道」とは便宜上つけた仮りの名であって、その本来は無名であることを、重ねて力説するものである。

一方「大」とは、小に対する大ではない。世にいう大小を超えるまことの大ということであって、無限のはたらきをもつ「道」の形容なのである。たとえば四十一章に「大方は無隅、大器は晩成、大音は希声」とある場合の「大」がそれであって、この四句は、「道」の世界における、或は「道」に適う方形・器物・音声ということである。

ついでに言うが「大器晩成」の句は、わが国では出世の遅れた人を慰めるような場合に用いられるが、前後の句から推すと、そのような意味ではない。「晩成」とは限りなく遅くなるということで、むしろ「でき上らない」の意味である。なお「希声」とは「無声」の意であり、「大方は無隅」とは無限大の方形のさまをいうのであろう。

老子の「道」とは、有形・有名・有為である現象世界の根底に、無形・無名・無（作）為の営みのあることを説く一種の形而上学である。また、それは中国の思想史上、初めて自然の世界に注目するものである。しかし老子は決して自然哲学を説くものではない。次に述べるように「道」は、あくまでも戦国の思想界を睨んで、人のかくあるべき道を説くものである。

「道」の営みは、自然のままの営みであって、つまり無作為である。しかし、それでいて生成化育の大事業を成し遂げている。このことを老子は「無為而無不為（無為にして、而も為さざるは無し）」と称した。「無爲でありながら何事をも成就する」ということである。無為と無作為とでは異なるが、これは老子に独特の、いささか強引な修辞法であって、また無作為の行為は、周囲からは何もしていないように見えるものだ、という計算もはたらいていたようである。

「無為而無不為」とは「道」のはたらきを最も簡潔に示す句とされるが、さて、この句はまた人の世界の教訓ともされる。人もまた「道」を模範として無為を持せよ、そうすれば何事もうまくいくのだ、という処世訓に転化するのである。たとえば三十七章に「道は常に無為にして、而も為さざるは無し。侯王若し能く之を守れば、万物（万民）将に自ら化せんとす」とあるのはその一例であって、つまり世の君主が「道」を手本として無為を守れば、「為さざるは無き」成果、つまり天下の万民のおのずらなる帰服を得るというのである。

このように「道」とは、究極的には儒家のいう道と同じく、人のよるべき規範なのである。政治論としての無爲の治が「道」を根拠としていることは上例によって明らかであるとして、処世論としての柔弱もまた同様である。いま四十章に「弱は道の用なり」とあって、柔弱は「道」の作用とされている。つまり柔弱を持することは「道」の在り方に適う行為であり、言い換えれば人の世界における無爲の実践ということになる。そして「道」の命題である「無為而無不為」中の「無さざる無し」とは、柔弱が剛強に勝つ、ということに他ならない。その意味で「道」は、処世・政治に関する教訓の正しさを証明する形而上的根拠となるものであった。

儒家でも孔子・孟子は、道徳の根源を天に帰している。しかしその天は、仰ぎ見る蒼天とも称すべき、きわめて漠然とした天であり、また天と道徳との関係について格別の論議はなされていない。ところが老子は、「道は無為にして、而も為さざるは無し」の句を介して、処世論・政治論の正しさを「道」に根拠付けることに成功した。さらに有名有形の現象世界の根源に無名無形の「道」のあることを想定することによって、天地万物を一体とする世界観を構築した。儒家の思想が倫理・政治の学にとどまるのに対して、老子の思想が時に哲学とも称されるのはこのような事情によるものである。

付1　「徳」と聖人

先に『老子』の上篇は「道経」、下篇は「徳経」と称され、合して「道徳経」とも呼ばれることを述べた。さて、それならば「道」に対する「徳」とはどういう意味なのであろうか。

「徳」については特に概念を規定する文もないので、それを明示することには困難を覚えるが、いま用例を総合すると次のようである。

「徳」とは、目に見えない形而上のはたらきである「道」が、形而下の現象世界に形跡としてあらわれたさまである。たとえば一般に「徳は得なり」というが、老子のいう「徳」とは、無為自然の「道」の在り方が人に具わった状態であって、つまり「道」を体得した人のありさまである。老子も儒家と同じく理想的な人格を聖人と称するが、老子のいう聖人とは、つまり「道」を体得した人でもあり、また完全無欠の「徳」をそなえた人でもある。その意味で、聖人の一挙一動はすべて「徳」の然らしめる所であるが、当然のこととして、それは「道」に適う一挙一動なのである。

「道」は形而上のはたらき、「徳」は形而下の振舞い、という区別のあることは確かであるが、しかし記述の上からすると必ずしも厳密ではない。たとえば五十一章に「生じて有せず、為して恃まず、長じて宰せず」とあるのは、「道」が次々と万物を生み出しながらそれを己れの所有とはせず、養い育てるという大業を成し遂げながらその功に誇るでもなく、万物を成長させながら支配しようともしない、ということであって、これに類する句は三十四章にも見えるが、いずれもまさに「道」の在り方を絶賛する趣意の文である。ところが、それと同旨の句が二章にも見え、そこでは聖人を讃える文とされているのである。上述したように老子のいう「道」は、終局的には人の守るべき規範なのであるが、しかしその規範を目に見えない「道」そのものによって語ることは困難である。そこで、それを「徳」として示し、また聖人に託して述べた、ということなのである。

ところで儒家では、堯舜など古代の理想的帝王を聖人とも称しているが、老子のいう聖人もまた、実は理想的帝王を想起させる存在である。儒道いずれにせよ、それは「聖人こそが天下に王たるに相応しい」との観点に立っての論であって、今その場合の王を「聖王」と称することとしよう。さきに三十七章に侯王が「道」を守れば万民の帰服を得るとされていることを指摘したが、ここに「道」を守るとは「得道」にほかならず、また万民の帰服を得るという侯王は既に聖王であるといってよい。さらに二十五章にいう「四大」は、道・天・地とともに王（聖王）を数えており、王は「道」に匹敵する存在ともされているのである。

上述した五十一章の文は、実は理想的な帝王の在り方を寓するものである。「道」は万物万民に無限の恩恵を与えているが、しかし、自然のままの営みを営みつづけているだけの「道」には、もともと恩恵を与えるという意志はなく、またそれらを支配する意向は毛頭無い。同じように理想的帝王は、絶妙な統治によって天下を平治しながら、帝王然と構えるようなことは無く、権力によって民を拘束せず、自然のままに放置する、ということである。さきに無爲の治の極致を示すとして述べた十七章の状況は、これに相当するといえよう。

付2　水・樸・女性・嬰児・谷

なお「道」に関して注意しておきたいことがある。それは無形無名である「道」や、「道」に適う行為を、やや具体的に示すための便法として、有形の「水」「樸」「雌・牝」「嬰児」「谷」の語の頻出することであって、おわりにそれぞれの意義について一言しておこう。

以上のうち、最も尊重されているのは「水」であって、低い方に流れ、方円の器に従うという性質は柔弱謙下の象徴とされる。八章・四十三章・七十八章はいずれも水の在り方を賛美する文であるが、特に八章では「道に幾《ちか》し」とまで絶賛していることに留意される。

「樸」とは「しらき」のこと。伐採されたばかりで用途の定まらない木材をいう。原始素朴の象徴であるが、また使途（名）が定まらないという意味で無名の象徴ともされる。

「雌《し》・牝《ひん》」（女性）は、剛強である「雄・牡《ぼ》」（男性）に対して柔弱謙下の象徴である。そもそも造化のエネルギーであり、天地万物の母とも称される「道」のはたらきは、女性の生殖力を想起させるものであって、その意味で『老子』には女性崇拝の思想が潜んでいるといえる。

「嬰児」は、世の汚濁を知らないものとして、無知無欲、原始素朴の象徴とされる。賛美する文は随所に見えるが、特に五十五章はもっぱら嬰児を讃える文である。「谷」は凹状であることが、凸状の剛強に対して柔弱謙下の象徴とされ、また「道」のもつ無限の包容力を示すとされる。

第四節　思想形成の順序

これまで『老子』の思想を三節に分けて述べてきたが、それは現行本を前にして、主要な思想を類別に整理した、というにとどまるものであった。しかし、一人一時の作ではなく、現行本としての最終的形成を遂げるまでに百五十年に近い歳月を閲している、といわれる『老子』には、当然のこととして旧新の思想が錯綜している。『老子』の思想を論ずるについては、それを分別し形成の順序を追っての記述も必要である。

かねて筆者は、『老子』の思想について形成史的記述のなさるべきことを痛感していたが、そのための明快な基準を見出すことが困難であることから、これまで放置せざるを得なかった。最近のこと、新出資料である「郭店本老子」が、原本から現行本に至るまでの中間的テキストであることを根拠として、ひとつの基準を見出し得たように思う。詳しくは第二章を参照願うこととして、ここでは論旨の概要を述べ、本章の結語に代えることとしたい。

思想の形成過程を述べる前に、まずテキストの形成について一言しておこう。

因みに『老子』の形成に関する近年に至るまでの通説は、「まず前三百年ころに原本が作られ、その後次第に増補改訂が加えられて、現行本としての最終的形成は前漢中期に下る」ということであった。原本の成立を早くとも前三百年ころと見るのは、儒教批判の文中に、『論語』にはなく孟子（活動期は前四世紀後半）に始まる「仁義」の語が見えること（十八章）などが主たる根拠であり、最終的形成を前漢中期とするのは、戦国末漢初の書に引く老子言に現行本と相違する文がかなり見えることから、その時期『老子』のテキストはまだ一定していないと解したことによる。

以上のうち、最終的形成の時期については、一九七三年、湖南省長沙の馬王堆漢墓から出土した帛書『老子』甲乙二本は、現行本の祖型ともいえるテキストであり、しかも甲本の書写年代は漢の高祖の即位（前二〇八年）前後と措定されたことによって、漢代を俟つまでもなく戦国末・秦代に溯り得ることが明かとなった。そして、それに続く郭店本の出土は、さらに原初的成立に対して改訂を迫るものとなったのである。

ここに「郭店本」とは、一九九三年冬、湖北省荊門市郭店にある戦国楚の貴族の墓から出土したばかりの竹簡に記された『老子』である。それは、現行本とほぼ合致する二千余字を残す欠本であって、散佚した部分を含めたテキストの全容は不明であるが、諸般の事情を勘案すると、現行の五千数百字には、まだ達していなかったと考えられる。

墓の造営年次は一般に前三百年を前後するころといわれているが、二千余字の中には既に孟子の影響を歴然と示す十八章の含まれている事実から推すと、郭店本の成書年代は早くとも前三百年を溯るものではない。とすれば、その写本の副葬されている墓の造営は、おそらく前二七〇年ころまで下ると解すべきであろう。

ともあれ郭店本の出土は、通説では精々原本成立の時期とされていた前三百年のころ、既に現行の本文を相当量に含む『老子』の行われていたことを示すものである。また郭店本から現行本へと推移する状況は、逆に郭店本に先行する原本の存在をも思わせるものであって、かくて『老子』のテキストの形成については、原本—郭店本—現行本（帛書）という過程がここに想定せられることとなったのである。

ところで、原本—郭店本—現行本というテキストの形成過程は、また『老子』の思想の形成過程を考えるについても、有力な根拠を提供するものである。

郭店本に先行する原本とは、おそらく前四世紀の前半に溯る可能性もあるが、今は不明というほかはない。その原本は成立した当初のままではなく、絶えず成長しつつ郭店本の時期を迎えた、ということであろう。小論にいう原本とは、要するに郭店本以前の『老子』という程度の意味であるが、さて原本の時期は、当然のこととして孟子の思想と無関係である。一方郭店本は、孟子の影響の見える最初の『老子』ということになる。つまり、当初に孟子と無関係に成立した『老子』の思想はどのようなものであったか（原本の時期）、それは孟子と接することによってどのような変化を生じたか（郭店本の時期）、その変化は、その後どのように展開してゆくか（郭店本以後、帛書に至る時期）、という三段階が想定せられることとなったのである。

以下『老子』の思想の形成を以上の三段階に着目して考察するが、まずは郭店本に見える孟子の影響を考えることから始めよう。

上述したように郭店本は、既に「仁義」の語の見える十八章の文を含んでおり、それは孟子の影響を歴然と示すものである。しかし、郭店本において孟子の影響に成ると思われる文は、これにとどまるものではない。次に記す六十六章はその一例であるばかりでなく、思想の変化を示す資料としても重要であると、筆者は考えている。郭店本の文（第二章の六四頁を参照）は現行本とやや異なるが、論旨に変りはないので、ここでは現行本によって記すと次のようである。

江海の能く百谷の王と為る所以の者は、其の善く之に下るを以てなり、故に能く百谷の王と為る。是を以て民に上たらんと欲せば、必ず言を以て之に下り、民に先んぜんと欲せば、必ず身を以て之に後る。是を以て聖人は、上に処りて民は重しとせず。前に処りて民は害とせず。是を以て天下は、推すことを楽《ねが》いて厭《あ》かず。其の争わざるを以て、故に天下能く之と争うもの莫し。

上文は、大河や海は低所に位置しておればこそ、諸々の小川の水（民）を集めて帝王然としていられるのだ、という譬えを述べることに始まって、古の聖人（聖王）は民に臨む場合、常に言葉を謙虚にし、万事民のことを優先して己れを後回しにした。このように聖人は、柔弱謙下の政を信条とすることによって、厭くこと知らない民の推挙を得、また不争を旨とすることによって、天下に敵対する者はなく、かくて安泰の王座を保持し得た、というのである。

十七章によれば、「最上の治政では、民は君主の存在することを知るだけ。……民はそれぞれに所を得るが、それは［君主の絶妙な無為の治によるものとは露知らず］ひとりでにそうなった、と考えている」とある。いったい『老子』の理想とする聖王は、「道」の体得者であり、そのありさまは「道」そのものである。「道」は日々に造化の大功を成し遂げながら、その功を誇示せず、人もまた「道」の功を意識しない。十七章の論は、まさに「道」にもとづく無為の治の極致を示すものではあろう。余りにも理念的に過ぎて、世の君主に対する現実的教訓とは為し難い気もするが、ともあれ、これが老子のいう無為の治の基本なのであろう。

ところが六十六章は、王者となる条件を柔弱の振舞い、及びそれをよろこびとする民の支持にあるとし、「天下は推すを楽《ねが》いて厭かず」とまでいう。卑見は、このような聖人観は『老子』の思想として異質であり、これは孟子の王道政治論にいう「仁政」を「柔弱謙下の政治」に置き換えることによって生じた論説であろう、と解したことに出発する。

いったい『老子』が聖人の治政についていう場合、たとえば二章に「無為の事に処り、不言の教を行う」、五十七章に「我れ無為にして民自ずからに化す」などとあるように、「道」の無為に即して説かれるのが通例である。柔弱の振る舞いが云々されるのは、六十六章の他では、七章と二十二章のみであることに留意すべきであろう。

一方、柔弱については、世の君主に対する教訓として、しきりに説かれてはいる。たとえば、戦国の世の常としてやむを得ず戦うこともあろうとしつつも、三十章では勝つことだけを目的とせよ、それによって国の強大を計ってはならないとし、三十一章では最小限に処理せよ、勝利を美とするなかれ、戦争には悲哀の念を以て臨めと述べ、五十八章では苛政の弊を説いて寛容の治をすすめ、十二章・五十三章では豪華奢侈を戒めるなど、いずれも君主に対する柔弱謙下のすすめである。しかし、こうした記述の中に天下に王となるといった文は皆無である。

さきに六十六章の論旨に、王道政治論に通ずる点のあることに着目して孟子の影響を指摘したのであるが、以上からすると、「古の聖人は柔弱謙下を持することによって天下を得た」という聖人像自体、この時期に生じた新説であることが知られる。なお、上述した七章・二十二章も六十六章に続いて同じ聖人像を説くものであって、これもまた、この時期における『老子』の思想の変化を示す資料として貴重であるが、それについては第二章の六六頁以下に詳説してあるので、ここでは省略する。

柔弱謙下による効験をいうことは、原本時代にも無かったわけではない。たとえば「上善は水の若し」に始まる八章の末尾に、「夫れ惟だ争わず、故に尤（禍い）無し」とあり、四十五章の末句に「足るを知れば辱しめられず、止まることを知れば殆うからず、以て長久なるべし」とある場合、「尤無し」「長久なるべし」は、柔弱を体することによって得られる効験である。しかし、これらは現実的成功と称するよりは、一般の人々の抱くささやかな願望の成就ということであろう。

ところが「天下に王となる」という効験は、世の君主にとって現実的成功の最たるものである。かくて処世訓としての柔弱は、ここに政治論としての柔弱に転化する。そして、それは「現実的成功のための柔弱」という発想を促すゆえんともなる。新出の聖人像は、その意味で『老子』の思想に大きな影響をもたらすものであった。

いったい『老子』の「道」は、儒家を始めとして百家の道をその中に包み、唯一絶対を誇号するものであって、従ってその「道」を身に体した聖人は、儒家の聖人を超越する存在であったはずである。また「無為而無不為」という聖人像の正当性は、既に「道」の在り方によって根拠付けられており、その正しさを証明する必要など当初からなかったのである。

ところが、理念的・抽象的な無為とは異なり、現実的・具体的である柔弱を旨として天下に王となったという聖人は、既に儒家の聖人に並ぶ存在である。四十章に「弱者道之用」とあるように、柔弱もまた「道」に基礎付けられてはいるとはいえ、世間一般の用語である柔弱が、それによって最大の成功を期待し得ることを主張するとなれば、やはりそれ相応の配慮を必要としよう。思うに「柔弱が剛強に勝つ」という主張は、そのために展開された一大キャンペーンだったのである。

「柔弱が剛強に勝つ」という趣旨の句は、次に記すように三十六・七十六・七十八の三つの章に見えて、『老子』の思想を特色づける有名な命題となってはいる。しかし、この句を含む三つの章は、実は郭店本の以後、おそらくは現行本の形成される最終段階に近いころに、上来の論旨を誇張し、より鮮明にするために案出されたものと考えられる。

○将に之を歙《ちぢ》めんと欲せば、必ず固《しばら》（姑）く之を張れ。将に之を弱めんと欲せば、必ず固く之を強くせよ。将に之を廃せんと欲せば、必ず固く之を興せ。将に之を奪わんと欲せば、必ず固く之に与えよ。是を微明と謂う。柔弱は剛強に勝つ。―以下省略（三十六章）

○人の生ずるや柔弱、人の死するや堅強。草木の生ずるや柔脆、其の死するや枯槁。故に堅強なる者は死の徒、柔弱なる者は生の徒。是を以て兵強ければ則ち勝たず、木強ければ則ち折る。[*] 強大は下に処り、柔弱は上に処る。（七十六章）

*「折」は、諸本「共」或は「兵」に作るが、いずれも通じない。『諸子平議』により改めた。

○天下に水より柔弱なるは莫し。而して堅強の者を攻むるに、之に能く勝るもの莫きは、其の以て之を易うること無きを以てなり。弱の強に勝ち、柔の剛に勝つは、天下に知らざるもの莫けれども、能く行うもの莫し。是を以て聖人は云う、国の垢を受くるもの、是れを社稷の主と謂い、国の不祥を受くるもの、是れを天下の王と謂う、と。正言は反するが若し。（七十八章）

三十六章は、一読して明らかなように、「敵国を滅ぼそうと思うなら、まず敵に手を貸して強大となるように仕向けよ。強大となった敵が、それに溺れて自滅するのを待て」という趣旨の策略を述べる文である。『戦国策』魏一に「周書曰」として、ほぼ同じ文が引用されているが、「周書」とは合縦連衡を説いたとされる縦横家の論説を集めた書。「微明」という老子流の言葉で評してはいるが、まさしく権謀術数の論である。本章は全面的に他学派に負うものであって、これが『老子』中の一章であるとは到底考え難い内容である。『老子』の思想の広がりの最終段階示すものであり、最も後れて『老子』の一章に加えられたものと思われる。

七十六章は、もっぱら自然界の事象を挙げて人事としての「柔弱の優位」を説くものであって、論証とは謂い難い、いささか強引な文句の羅列に終始しているように思われる。特に末尾の一句「強大は下に処り、柔弱は上に処る」の下と上が、王弼のいうように樹木に関するものとすれば、下は根、上は枝葉、ということになる。これは「根」をたっとぶ十六章などの思想に反するものであろう。

七十八章の後半に見える聖人言は、柔弱を旨としたという新しい聖人像の忠実な展開を思わせる文句として貴重であるが、一方、その後次性は否定し難いところである。

そもそも七十六章・七十八章については、この二章を含む六十七から七十九に至る十三の章のすべてが、その内容から見て晩出であると思われること、郭店本及び帛書の状況はそれを裏付けるかに考えられること、にも留意すべきであろう。

すなわち、郭店本には、六十七章以下の文が皆無であること。もちろん二千余字の残存に偶然性の伴っていることは確かであるが、これだけまとまって見えないということになると、やはり問題である。（ただし、次に記す帛書の状況から推して、八十章・八十一章は例外とする。）

帛書では、六十六章の次に八十章・八十一章があり、その後に六十七章以下の十三の章が続く形となっている。思うにこの事実は、帛書に先行して、既に八十章・八十一章の文を最終に置くテキストがあり、そこで帛書は、新出の十三の章を末尾に付した、ということではなかろうか。

なお、六十七から七十九に至る十三の章を後出と見る根拠については、第二章の七五・七六頁を参照願うこととするが、たとえば「柔弱は剛強に勝つ」という命題は、「最小の兵力によって最大の敵に勝つ」「戦わずして勝つ」といった兵家言に通ずることから、その意味での兵家言とおぼしき章の見えること（六十八・六十九章）、世俗的にはやはり難解である「道」に代って、「天」「天道」の語を用いた章の頻出すること（七十三・七十七・七十九章）、などがその例である。また小論が、最も後れて『老子』の一章に加えられたとする三十六章は、上述したようにむしろ縦横家言とも称すべき内容であるが、何故にそこに位置しているのか、筆者にはわかりかねる。

これを要するに、郭店本以後における顕著な変化として「柔弱は剛強に勝つ」という命題を生じたこと、それとともに『老子』には、功利主義敵発想や権謀術数に接近する章が新たに加えられることとなったことが挙げられよう。

さて、これまで長年月にわたる『老子』の思想の旧新を三段階に弁別して、形成の次第順序を検討してきたが、最後に若干の補足を加えつつ上来の論旨を要約しておこう。

〔原本の時期〕 孟子と接触する以前の、つまり原本の『老子』は、おそらく「道」に関する諸論説、「無為而無不為」を基本的在り方とする聖人論、世の君主を含む一般人を対象とする柔弱謙下の処世訓、を主とするものであった。これらの思想の形成される順序を述べることは至難であるが、一応の憶説を次に記してみよう。

さて『老子』において最も頻出する言葉は「道」であり、思想の中心が「道」であることは確かである。しかし、戦国の世相を睨んで老子の脳裏にまず浮かんだのは、無為（実は無作為の意）であれ、自然のままが良い、との教訓であったろう。そして、無為自然を持することの正当性を根拠づけるために案出されたのが「道」の思想である、と考えられる。特に「道」のはたらきについて唱えられた「無為而無不為」（無為にして、而も為さざるは無し）という命題は、「無為の治」の理論的根拠となった。

以上にいう試論の当否はともかくとして、留意したいのは、原本の時期、『老子』の思想の骨格は、「道」・無為・柔弱といった主要な語彙を駆使して、ほぼ形成されていたように、考えられることである。この時期、老子の一派は不争を信条とすることから、思想界の土俵に立ち入ることなく、むしろ独自の思想を、独自の立場で構成していた。いったい『老子』には高踏的・批評家的態度が見られるが、純『老子』とでも称すべきこの時期の『老子』は、それを濃厚に示すものだったのであろう。

［郭店本の時期］『老子』と思想界との交渉は、おそらく前三百年に近いころから始まったものと思われるが、明かな事実は、郭店本に歴然と孟子の影響の見えることである。因みに郭店本では、太古の理想的社会の状況を説くと思われる十七章と、「大道廃れて仁義有り」に始まる十八章とが、合してひとつの章を成していたことが知られるが、これはもともとあった十七章に新たに十八章の文を加えて、儒教批判の姿勢を鮮明にしたものと考えられる。

しかし、『老子』の思想の変化という点で注目されるのは六十六章であって、それは、孟子の王道政治論にいう「仁政」を「柔弱謙下の政」に置き換えたものであるが、また「聖人は柔弱を持することによって天下を得た」という新しい聖人像の出現を意味するものであった。同じ聖人像を説く七章・二十二章が郭店本に含まれていたか否かは不明であるが、おそくとも直後に相次いで作られたものと解してよいであろう。要するに、それらを世の君主に対する教訓として解すれば「天下に王たらんことを志すのなら柔弱を旨とせよ」ということであり、つまり政治論としての柔弱の提唱である。

〔郭店本以後の時期〕 柔弱による天下統治の主張は、孟子と張り合うことによって生じた現実的政治論であるが、また広く思想界に向けての提唱である。古の聖人は無為によって天下を統治したという趣旨の政治論の正当性は、「無為而無不為」という「道」の在り方によって既に自明の理とされていた。しかし、理念的・抽象的な無為とは異なり、一般的用語でもある柔弱が、天下統一という最大の成功をもたらす旨を主張するとなれば、やはり相応の工夫が必要となる。

「柔弱は剛強に勝つ」という有名な命題は、ここにおいて案出されたものと考えられる。その時期は、郭店本以後、おそらくは『老子』の最終的形成に近いころであったろう。一方、この命題の生じたことによって、『老子』には、功利主義、権謀術数に類する思想が混入するようになり、特に六十七から七十九に至る十三の章は、かなりに異質な思想を含むものとなっている。

あとがき

平成四年三月に早稲田大学を定年で退任するに際し、書き貯めた論攷を取りまとめて『道家思想と道教』（平河書店刊）を上梓してから、この三月で早や十年が過ぎた。これを機に十年間の旧稿をまとめることを思い立ったが、何分にも老耄の身、加えて現下の厳しい出版事情もある。極力コムパクトなものとする方針のもと、老子に関する論攷を集めて一冊としたのが本書である。

各章の初出文献は次の通り。

第一章　『史記』老子伝の成立ち

本章の冒頭に、関連する既発表の著書論文四種を列挙し、また本論攷の執筆に至る経緯を述べておいたので、初出文献を示すことは省略するが、次に若干の補足を加えておく。

本章の主たる論点の第一は、孔老の会見（孔子問礼）譚を柱とする「老聃即老子説」の出発点が、『礼記』曽子問篇の老聃に老子像をかぶせるにあると解したこと。これは昭和五十五年に「礼記曽子問篇の老聃」を公表して以来の持論である。

第二は、後半部に見える「太史儋即老子」説について、文景期に及ぶ子孫の記事を根拠として、前漢の初期に流行した黄老派道家の提唱であろうと推定したこと。これは平成七年に公表した「史記老子伝の形成―後半部を中心として」に始まる。

本章は、以上の二点を総合整理するとともに、表題に関する二十年間の宿案について、筆者としての最終的見解を述べるものである。

第二章　郭店楚簡を軸とする『老子』の形成

郭店楚簡研究会編『楚地出土資料と中国古代文化』(二〇〇二・三　汲古書院刊)に寄稿した「郭店楚簡から見た《老子》の形成」に、若干の補訂を加えた文。筆者は研究会のメンバーではないが、同会を主宰する日本女子大学谷中信一教授の請によって研究会の席で卑見を述べたことがあり、寄稿はその縁によるものである。

第三章　六家要指考――漢初黄老の資料として

村山教授古稀記念『中国古典学論集』(二〇〇二・三　汲古書院刊)所収。

第四章　孟子と老子――大国・小国の論をめぐって

内藤幹治編『中国的人生観・世界観』(一九九四・三　東方書店刊)所収。

第五章　道教における黄帝と老子

『日本中国学会創立五十年記念論文集』(一九九八・一〇　汲古書院刊)所収。

第三から第五に至る三章は、それぞれの刊行に際しての依頼原稿である。特殊な問題について、三十枚乃至四十枚という制約の中で書き上げた三篇は、前後の章とやや論調を異にするが、相互に関連する所も多々あるので、若干の補訂を加えて、ここに収めることとした。

第六章　我觀　老子の思想

昨秋来、筆者はＰＨＰ文庫の一冊として『老子を読む』（二〇〇二・二刊）の執筆に当っていたが、その祈り、出版社の要請もあってかなりの長文にわたる解題を付することとなった。本章は、その解題をもとに、さらに補訂を加えたものである。

本書の公刊に際しては、終始、汲古書院石坂叡志社長のご厚意を得た。本書を「汲古選書」の一冊に加えることを快諾されたばかりでなく、手づから原稿の整理、校正等々の任に当って下さったのである。ここに記して深甚の謝意を表し、本書の結びとする。

平成十四年八月

牛込矢来町の寓居にて

楠　山　春　樹

書名・人名・事項索引

ア

越王句践　108
轅固生　98
王欽若　128,129
王道政治論　104,106,114～118

カ

郭店楚墓一号墓　35
郭店本老子　33～77,173～186
郭店本老子甲乙丙三種の意味40
郭店本老子と現行本との相違点
　十七,十八,十九章の関係について　43～46,149,150
　五章について　48
　十六章について　54
　二十章について　51
　三十章について　54～56
　三十一章について　56,57
　四十六章について　52
　四十八章について　57
　五十二章について　53
　六十三章について　46
　章の順序について　39,40
楽巨公　24
関尹と関令尹喜　16,17
『漢書』司馬遷伝　102
桓帝（後漢）　123～125
韓非　82,83
『韓非子』　83,94,102
　主道篇　83,102
　二柄篇　84
　揚搉篇　83,102
　解老篇　83
　喩老篇　83
　説疑篇　99
　忠孝篇　99
関令尹喜　16

『魏書』釈老志　121
九天司命上卿保生天尊　129,～136,140
九天司命眞君　130,140
九天司命保生天尊大帝　135
玉皇　122,134
『経学理屈』三　10
経法・十六経・称・道原　102
形名参同　84,85,93,94,97
形名審合　84
荊門市博物館編『郭店楚墓竹簡』　37,39,41,39,55
結縄の世　152
玄元皇帝　132,136,137
元始天尊　121,122,126,132,134
蓋公　24,25
膠西王印　18,23,25
孔子　3,17,18,19
孔子の「適周問礼」譚　13～15
孔子問礼譚　10～12
黄生（黄子）　98,99
広成子　125
黄帝陰符経　139
黄老　24,25,27,29,81～102,122,123
孔老会見譚　6～13,28
『後漢書』
　桓帝紀　123
　祭祀志　123,125
　楚王英伝　123
『国語』周語上　30
呉楚七国の反乱　23,25
混元皇帝老子　137,138

サ

崔述『洙泗考信録』　32
齋藤拙堂『老子弁』　32
史漢の「儒林伝」　98
『史記』　12
　三皇本紀　133
　周本紀　19,21,30
　秦本紀　19,21
　封禅書　19,21
　曹相国世家　82
　孔子世家　13～15
　老荘申韓列伝　82
　老子伝　3～33
　楽毅伝賛　24
　魏其武安侯伝　82
　儒林伝　100

轅固生伝　82
太史公自序　81
『史記索隠』　20
『史記正義』　19
『詩』大雅・緜篇　105
「師之所処、荊棘生焉」
の句は後出　55
司馬遷
19,20,22,24,26,29,83,85,101
司馬談　29,90,97,98,99,100
柔弱謙下　152〜160
柔弱による天下統一
64〜69,158,159
「柔弱は剛強に勝つ」
の句は後出　70,73,78
『朱子語類』一二五　10
守蔵室之史　15
『荀子』
義兵篇　75
天論篇　97,159
小国寡民　151,152
申韓二子　101
秦献公　18
眞宗の道教改革に伴う称号・名称の変更
曲阜県→仙源県　135
玄元皇帝老子→混皇帝老子
136,137
洞玄部→洞元部　139
太玄部→太眞部　139
神仙黄老　123
秦の献公　19,21
申不害　82,85
『宋三朝史志』（文献通考二二四所引）　142
荘子　3,82
『荘子』　7,13,16,32
在宥篇　125
天地篇　7
天道篇　7
天運篇　7,13
達生篇　32
田子方篇　7
知北遊篇　7
外物篇　19
寓言篇　13
天下篇　16,32
『全宋文』所収宋大詔令集
130,141
楚王英　123
『続資治通鑑長編』
126〜136,140,141

タ

柱下之史　*10,16*
大王（周祖古公亶父）　*107*
太史儋　*18〜32*
太史儋即老子説　*20〜22,29〜33*
太上道君　*121,126*
太上老君　*121,126*
趙玄朗　*122,131,133,137,138,141*
張載　*10*
天宮宝蔵　*139〜141*
元始天尊　*126*
天師道　*126*
天書降下事件　*126*
天書大中祥符三篇　*127,129*
道教の発端　*124*

ナ

南宮敬淑　*13*

ハ

帛書老子　*36,42,44,174*
伯陽　*30*
伯陽即老子説　*30,31,32*
封禅（漢の武帝）　*99,100*
封禅（宋の眞宗）*126〜131,141*
平闕（書式）　*134,141*
辺詔　*124*
宝文統録　*138,141*

マ

馬王堆漢墓　*36*
孟懿子　*13,15*
孟子　*61〜63,104〜108*
『孟子』
　梁恵王下　*103〜107*
　滕文公下　*69,105〜108*
　離婁上　*69,118*
　尽心下　*69,118*
孟子の生没年　*61〜63*

ラ

『礼記』曾子問篇　*8～12,31,32*
　曾子問篇玄鄭注　*10*
　同上孔頴達の疏　*10*
「六家要指」　*29,81～102*
　虚無因循の意義　*91～94*
劉承珪　*130,131*
『呂氏春秋』　*7,8,16,32*
　仲春紀当染篇　*8,32*
　季春紀先己篇　*94*
　季秋紀審己篇　*32*
　審分覧不二篇　*8,32,160*
『列仙伝』の老子伝　*30*
『老子』六十七章～七十九章は
　晩出　*47,75,76,183*
老子銘　*124*
老莱子　*18,19*
老莱子即老子説　*19～22,26,27*
「六家要指」　*29*
『論語』里仁篇　*163*

『老子』章別索引

一章 163
二章 70
四章 157
五章 49,50,161
六章 58
七章 66,178,185
八章 116,155,156,157,172
九章 157
十二章 71,147,178
十六章 54,182
十七章 43, 44, 45, 65, 117, 149, 150,153,161,171,185
十八章 43, 44, 45, 61, 149, 150, 176,185
十九章 43,44,45,47
二十章 51,58,149
二十二章 66,67,68,116,178,185
二十四章 66,67,68,69
二十五章 166,171
二十六章 180
二十八章 158
三十章 17,54,71,146,178
三十一章 56,58,71,146
三十二章 110
三十三章 157
二十四章 71,157,170
三十六章 73,74,75,78,181,183
三十七章 70,118,168,171
三十八章 148
三十九章 58,60
四十章 58,72,168,180
四十一章 167
四十三章 172
四十四章 71,156,157
四十六章 52,157
四十八章 57,118
五十一章 170,171
五十二章 52,53,58
五十三章 71,147,178
五十五章 173
五十六章 157
五十七章 70,147,161,162,178

五十八章	*71*
五十九章	*148*
六十章	*161*
六十一章	*109〜113,117*
六十三章	*45,46,47,156*
六十四章	*59,156,157*
六十五章	*162*
六十六章	*64, 65, 67, 69, 77, 115, 117,159,176,177,178, 179*
六十七章	*47,75*
六十八章	*75,76,183*
六十九章	*75,183*
七十二章	*160*
七十三章	*162,183*
七十四章	*160*
七十六章	*73,74,78,181,182*
七十七章	*183*
七十八章	*73,74,78,172,181,182*
七十九章	*183*
八十章	*151*

著者略歴

楠山　春樹（くすやま　はるき）

1922年　東京都に生れる。

1943年　早稲田大学文学部東洋哲学科卒業。

1962年　講師・助教授を経て早稲田大学教授。

現在、早稲田大学名誉教授。文学博士。

著書　『老子伝説の研究』（東洋学叢書－創文社）
　　　『道家思想と道教』（平河出版社）
　　　中国の人と思想 4 『老子』（集英社）

訳書　新釈漢文大系『淮南子』三冊上中下（明治書院）
　　　新編漢文選『呂氏春秋』三冊上中下（明治書院）
　　　ＰＨＰ文庫『老子を読む』（ＰＨＰ研究所）

汲古選書31

老子の人と思想

平成一四年九月　発行

著者　楠山春樹
発行者　石坂叡志
印刷所　モリモト印刷

発行所　汲古書院
〒102-0072 東京都千代田区飯田橋二－五－四
電　話〇三（三二六五）九七六四
ＦＡＸ〇三（三二二二）一八四五

ISBN4-7629-5031-9　C3310

KYUKO-SHOIN, Co,Ltd. Tokyo

汲古選書

既刊32巻

1 一言語学者の随想

服部四郎著

わが国言語学界の大御所、文化勲章受賞・東京大学名誉教授故服部先生の長年にわたる珠玉の随筆75篇を収録。透徹した知性と鋭い洞察によって、言葉の持つ意味と役割を綴る。

▼494頁／本体4854円

2 ことばと文学

田中謙二著

「ここには、わたくしの中国語乃至中国学に関する論考・雑文の類をあつめた。わたくしは〈ことば〉がむしょうに好きである。生き物さながらにうごめき、またピチピチと跳ねっ返り、そして話しかけて来る。それがたまらない。」（序文より）京都大学名誉教授田中先生の随筆集。

▼320頁／本体3107円

3 魯迅研究の現在

同編集委員会編

魯迅研究の第一人者、丸山昇先生の東京大学ご定年を記念する論文集を二分冊で刊行。執筆者＝北岡正子・丸尾常喜・尾崎文昭・代田智明・杉本雅子・宇野木洋・藤井省三・長堀祐造・芦田肇・白水紀子・近藤竜哉

▼326頁／本体2913円

4 魯迅と同時代人

同編集委員会編

執筆者＝伊藤徳也・佐藤普美子・小島久代・平石淑子・坂井洋史・櫻庭ゆみ子・江上幸子・佐治俊彦・下出鉄男・宮尾正樹

▼260頁／本体2427円

5・6 江馬細香詩集「湘夢遺稿」

入谷仙介監修・門玲子訳注　幕末美濃大垣藩医の娘細香の詩集。頼山陽に師事し、生涯独身を貫き、詩作に励んだ。日本の三大女流詩人の一人。

▼⑤本体2427円／⑥本体3398円好評再版

7 詩の芸術性とはなにか

袁行霈著・佐竹保子訳　北京大学袁教授の名著「中国古典詩歌芸術研究」の前半部分の訳。体系的な中国詩歌入門書。

▼250頁／本体2427円

8 明清文学論

船津富彦著

一連の詩話群に代表される文学批評の流れは、文人各々の思想・主張の直接の言論場として重要な意味を持つ。全体の概論に加えて李卓吾・王夫之・王漁洋・袁枚・蒲松齢等の詩話論・小説論について各論する。

▼320頁／本体3204円

9 中国近代政治思想史概説

大谷敏夫著　阿片戦争から五四運動まで、中国近代史について、最近の国際情勢と最新の研究成果をもとに概説した近代史入門。1阿片戦争　2第二次阿片戦争と太平天国運動　3洋務運動等六章よりなる。付年表・索引

▼324頁／本体3107円

10 中国語文論集　語学・元雑劇篇

太田辰夫著

中国語学界の第一人者である著者の長年にわたる研究成果を全二巻にまとめた。語学篇＝近代白話文学の訓詁学的研究法等、元雑劇篇＝元刊本「看銭奴」考等。

▼450頁／本体4854円

11
中国語文論集 文学篇
太田辰夫著
本巻には文学に関する論考を収める。「紅楼夢」新探／「鏡花縁」考／「児女英雄伝」の作者と史実等。付固有名詞・語彙索引
▼350頁／本体3398円

12
中国文人論
村上哲見著
唐宋時代の韻文文学を中心に考究を重ねてきた著者が、詩・詞という高度に洗練された文学様式を育て上げ、支えてきた中国知識人の、人間類型としての特色を様々な角度から分析、解明。
▼270頁／本体2912円

13
真実と虚構—六朝文学
小尾郊一著
六朝文学における「真実を追求する精神」とはいかなるものであったか。著者積年の研究のなかから、特にこの解明に迫る論考を集めた。
▼350頁／本体3689円

14
朱子語類外任篇訳注
田中謙二著
朱子の地方赴任経験をまとめた語録。当時の施政の参考資料としても貴重な記録である。「朱子語類」の当時の口語を正確かつ平易な訳文にし、綿密な註解を加えた。
▼220頁／本体2233円

15
児戯生涯 一読書人の七十年
伊藤漱平著
元東京大学教授・前二松学舎大学長、また「紅楼夢」研究家としても有名な著者が、五十年近い教師生活のなかで書き綴った読書人の断面を随所にのぞかせながら、他方学問の厳しさを教える滋味あふれる随筆集。
▼380頁／本体3883円

16
中国古代史の視点 私の中国史学(1)
堀　敏一著　中国古代史研究の第一線で活躍されてきた著者が研究の現状と今後の課題について全二冊に分かりやすくまとめた。本書は、1時代区分論　2唐から宋への移行　3中国古代の土地政策と身分制支配　4中国古代の家族と村落の四部構成。
▼380頁／本体3883円

17
律令制と東アジア世界 私の中国史学(2)
堀　敏一著　本書は、1律令制の展開　2東アジア世界と辺境　3文化史四題の三部よりなる。中国で発達した律令制は日本を含む東アジア周辺国に大きな影響を及ぼした。東アジア世界史を一体のものとして考究する視点を提唱する著者年来の主張が展開されている。
▼360頁／本体3689円

18
陶淵明の精神生活
長谷川滋成著
詩に表れた陶淵明の日々の暮らしを10項目に分けて検討し、淵明の実像に迫る。内容＝貧窮・子供・分身・孤独・読書・風景・九日・日暮・人寿・飲酒　日常的な身の回りに詩題を求め、田園詩人として今日のために生きる姿を歌いあげ、遙かな時を越えて読むものを共感させる。
▼300頁／本体3204円

19
岸田吟香—資料から見たその一生
杉浦　正著
幕末から明治にかけて活躍した日本近代の先駆者—ドクトル・ヘボンの和英辞書編纂に協力、わが国最初の新聞を発行、目薬の製造販売を生業としつつ各種の事業の先鞭をつけ、清国に渡り国際交流に大きな足跡を残すなど、謎に満ちた波乱の生涯を資料に基づいて克明にする。
▼440頁／本体4800円

20 グリーンティーとブラックティー

矢沢利彦著 「中英貿易史上の中国茶」の副題を持つ本書は一八世紀から一九世紀後半にかけて中英貿易で取引された中国茶の物語である。当時の文献を駆使して、産地・樹種・製造法・茶の種類や運搬経路まで知られざる英国茶史の原点をあますところなく分かりやすく説明する。

▼260頁／本体3200円

21 中国茶文化と日本

布目潮渢著

近年西安西郊の法門寺地下宮殿より唐代末期の大量の美術品・茶器が出土した。文献では知られていたが唐代の皇帝が茶を愛玩していたことが証明された。長い伝統をもつ茶文化―茶器について解説し、日本への伝来と影響についても豊富な図版をもって説明する。カラー口絵4葉付

▼300頁／本体3800円

22 中国史書論攷

澤谷昭次著

先年急逝された元山口大学教授澤谷先生の遺稿約三〇篇を刊行。東大東洋文化研究所に勤務していた時「同研究所漢籍分類目録」編纂に従事した関係から漢籍書誌学に独自の境地を拓いた。また司馬遷「史記」の研究や現代中国の分析にも一家言を持つ。

▼520頁／本体5800円

23 中国史から世界史へ　谷川道雄論

奥崎裕司著 戦後日本の中国史論争は不充分なままに終息した。それは何故か。谷川氏への共感をもとに新たな世界史像を目ざす。

▼210頁／本体2500円

24 華僑・華人史研究の現在

飯島 渉編 「現状」「視座」「展望」について15人の専家が執筆する。従来の研究を整理し、今後の研究課題を展望することにより、日本の「華僑学」の構築を企図した。

▼350頁／本体2000円

25 近代中国の人物群像

―パーソナリティー研究―

波多野善大著

激動の中国近現代史を著者独自の歴代人物の実態に迫る研究方法で重要人物の内側から分析する。

▼536頁／本体5800円

26 古代中国と皇帝祭祀

金子修一著

中国歴代皇帝の祭礼を整理・分析することにより、皇帝支配による国家制度の実態に迫る。

▼340頁／定価本体3800円

27 中国歴史小説研究

小松 謙著

元代以降高度な発達を遂げた小説そのものを分析しつつ、それを取り巻く環境の変化をたどり、形成過程を解明し、白話文学の体系を描き出す。

▼300頁／定価本体3300円

28 中国のユートピアと「均の理念」

山田勝芳著 中国学全般にわたってその特質を明らかにするキーワード、「均の理念」「太平」「ユートピア」に関わる諸問題を通時的に叙述。

▼260頁／定価本体3000円

●真偽説に重要な一石を投ずる——

陸賈『新語』の研究

福井重雅（早稲田大学教授）著　秦末漢初の学者陸賈は、漢の高祖と文帝に仕えた役人でもあった。高祖の求めにより秦の滅亡と漢の興隆の原因等について著したのが『新語』二巻十二篇だといわれる。その経緯は『史記』「陸賈列伝」にあり夙に有名である。しかし古来真偽説が絶えず論争が続けられてきた。著者は内外の諸説をくまなく検討し、漢初に陸賈によって撰述された真作説に否定的な見解を表明する。最近続々と発掘される漢代の重要史料の公開とともに、漢代の位置づけが学界の関心事となっている現在、誠に貴重な研究の成果であるということができる。

【目次】

第一節　『新語』考証・研究略史
　序　言
　一　中国における『新語』の真偽論争
　二　日本・欧米における『新語』の真偽論争
第二節　『新語』の真偽問題
　一　『新語』真作説の再検討
　二　『新語』真作説の否定論
　結語
付節一　班彪『後伝』の研究—『漢書』編纂前史—
付節二　蔡邕『独断』の研究—『後漢書』編纂外史—
付節三　漢代対策文書の研究—董仲舒の対策の予備的考察—
　後記　索引

▼四六判上製カバー／２６０頁／本体３０００円　汲古選書29
ISBN4—7629—5029—7　C3398

●中国とその周辺の動向を平易に描いた近現代史——

中国革命と日本・アジア

寺廣映雄（大阪教育大学名誉教授）著

はじめに
第一部　辛亥革命と、その前後
一、「欧州同盟会」の成立と意義について
二、辛亥革命期における陝西
三、国民革命期における陝西—雑誌『共進』と魏野疇の活動をめぐって—
四、民国軍閥期における中国統一策について（一）—廃督裁兵・連省自治・湖南自治運動—
五、民国軍閥期における中国統一策について（二）—孫文の工兵的裁兵策をめぐって—
第二部　中国・朝鮮における抗日民族統一戦線の形成
一、楊虎城と西安事変への道
二、日中戦争と朝鮮独立運動—金俊燁『長征—朝鮮人学徒兵の記録』に寄せて—
第三部　近代日本とアジア
一、「台湾民主国」の成立について—台湾抗日民族運動の発端—
二、『樊噲物語』について—明治中期の国粋主義者のアジア観と部落問題—
三、孫文、康有為・梁啓超と神戸・須磨
初出一覧　あとがき

▼四六判上製カバー／２４０頁／本体３０００円　汲古選書30
ISBN4—7629—5030—0　C3322

●人間老子と書物『老子』を総括する

老子の人と思想

楠山春樹（早稲田大学名誉教授）著

◇目次

第一章『史記』老子伝の成り立ち
第一節　前半部――老聃（李耳）としての老子
第二節　後半部の所伝／ほか
第二章　郭店楚簡を軸とする『老子』の形成
第一節　郭店本『老子』の概観
第二節　現行本との相違点／ほか
第三章　六家要指考――漢初黄老の資料として
一「六家要指」の本文
二「六家要指」の思想／ほか
第四章　孟子と老子――大国・小国の論をめぐって――
一『孟子』の場合
二『老子』の場合／ほか
第五章　道教における黄帝と老子
一　漢代における黄帝と老子
二　宋代道教における黄帝の抬頭／ほか
第六章　我観　老子の思想
第一節　憂世の思想家
第二節　処世訓と政治論／ほか
あとがき
索　引

▼四六判上製カバー／２００頁／本体２５００円　汲古選書31
ISBN4―7629―5031―9 C3310

●数奇な運命が中国の激しく動いた歴史そのものを映し出す

中国砲艦『中山艦』の生涯

横山宏章著（長崎シーボルト大学教授）

◇内容目次

第一章　中国海軍の創設と北洋艦隊の悲劇
李鴻章が海軍を創設／長崎清国水兵暴動事件／他
第二章　長崎で誕生した永豊艦
薩鎮冰が海軍を再興／永豊艦が長崎造船所で進水式／他
第三章　南方政府に寝返った中国海軍
辛亥革命で中華民国が成立／北洋軍閥の巨魁・袁世凱の登場／他
第四章　孫文と対立する陳炯明の分権国家論
陳独秀が共産党を結成／広東政局を左右してきた陳炯明／他
第五章　陳炯明の叛乱に挑む永豊艦
護法艦隊を武力奪艦／孫文が北伐出師に固執／他
第六章　国共合作と国民革命軍の建軍
客軍の軍事力で第三次広東軍政府を建設／他
第七章　謎に包まれた「中山艦事件」
共産党の急速な台頭／のし上がる蒋介石／他
第八章　蒋介石の勝利と北伐戦争
国民党中央から共産党を排除／軍閥打倒の北伐戦争を開始／他
第九章　満州事変と蒋介石の「安内攘外」策
蒋介石の独裁に「異議あり戦争」／他
第十章　海軍の壊滅と中山艦の悲劇的最期
充実できない中国海軍の陣容／他

▼四六判上製カバー／２６０頁／本体３０００円　汲古選書32
ISBN4―7629―5032―7 C3322 ￥3000E